# Gezielt fördern

## Handreichungen

für den Unterricht zu allen Arbeitsheften

# 7/8

**Mit Grundwortschatz und Fachwortschatz**

**Erarbeitet von Eylem Çetinöz, Julia Müller, Constanze Niederhaus, Christiane Robben, Ellen Schulte-Bunert**

**Grund- und Fachwortschatz: Martin Plieninger**

**Cornelsen**

# Inhaltsverzeichnis

## Einleitung

### Konzeption

*Gezielt fördern 7/8* ist eine Reihe von Basismaterialien für die Klassenstufe 7/8. Die **Zielgruppe** sind Schülerinnen und Schüler mit speziellem Förderbedarf. Berücksichtigt sind dabei besonders Schülerinnen und Schüler, deren Erstsprache nicht Deutsch ist. Die Materialien arbeiten daher mit verschiedenen DaZ-Methoden. Die vorliegenden Hefte widmen sich den drei Schwerpunkten des Deutschunterrichts: der **Grammatik**, dem **Rechtschreiben** sowie dem **Lesetraining**. Auch innerhalb dieser drei Bereiche findet eine gezielte Schwerpunktsetzung statt. Die getroffene Auswahl der sprachlichen Inhalte ist bestimmt durch Aspekte des DaZ-Unterrichts – gleichzeitig sind dies aber auch besondere Probleme, die deutschsprachige schwächere Schülerinnen und Schüler haben. Mit den Heften der Reihe *Gezielt fördern* sollen daher speziell fehlerträchtige Bereiche trainiert werden.

**Zielgruppe**

**drei Arbeitshefte**

**gezielte Schwerpunktsetzung**

Jedes Heft bearbeitet einen bestimmten sprachlichen Problembereich intensiv und differenziert. Die Hefte sind **phänomenorientiert**, das heißt, **kleine Einheiten mit wenigen Seiten** haben ein inhaltliches Thema. Jede Einheit in den Heften ist somit als eine „leistbare" Portion konzipiert. Als Basis für die Hefte *Grammatik* und *Rechtschreiben* dient ein **Grundwortschatz von ca. 1000 Wörtern**. Dieser Grundwortschatz wurde für die Hauptschule erstellt. Er ist hinsichtlich spezieller DaZ-Anforderungen ergänzt und überarbeitet worden. Um die Texte inhaltlich und bezüglich des Ausdrucks nicht zu sehr einzuschränken, geht das Heft *Lesetraining* in seinem Wortschatz über den Grundwortschatz hinaus. Die vorliegende Lehrerhandreichung enthält den kompletten Grundwortschatz (Seiten 28–47) und einen nach Wortarten sortierten Fachwortschatz (Seiten 48–51).

**phänomenorientiert**

**Grundwortschatz**

Die Arbeitshefte der Reihe *Gezielt fördern* sind für die **Alleinarbeit** im (differenzierenden) Klassenunterricht sowie für die selbstständige Arbeit zu Hause geeignet. Sie lassen sich aber auch für die **Arbeit im Klassenverband** nutzen und erweitern.

### Prinzipien

Die Hefte setzen die aktuelle Forderung der Fachdidaktik nach Förderung der **Lernerautonomie** systematisch um. Den Schülerinnen und Schülern werden grammatische und orthografische Regeln deutlich gemacht, Tipps werden gegeben sowie Strategien bewusst vermittelt, geübt und ständig wiederholt. Das macht den Schülerinnen und Schülern ihr Tun bewusst, baut ihre **Methodenkompetenz** kontinuierlich aus, fördert ihre Selbstständigkeit und hilft ihnen, ihren Lernprozess zunehmend eigenständig zu steuern.

**Lernerautonomie**

**Methodenkompetenz**

Jedes Phänomen wird mit Hilfe eines Materials (Texte oder visuelles Material) präsentiert. Die Themen der **Texte** sind vielfältig, sie reichen von Alltagsthemen über Sachtexte bis hin zu spannenden Texten und witzigen Begebenheiten. Dabei sind immer der Erlebnis- und Erfahrungshorizont sowie die Interessen 13- bis 15-jähriger Schülerinnen und Schüler berücksichtigt.

**Lebensnähe**

# Einleitung

Die Hefte verfolgen einen **progressiven Aufbau**, der sich durch zunehmende Komplexität der Satzstrukturen und eine zunehmende Bandbreite des verwendeten Wortmaterials auszeichnet. In den ersten Kapiteln werden Grundlagen geschaffen, die schwächeren Schülerinnen und Schülern für die weitere Arbeit mit den Heften hilfreich und notwendig sind.

**Progression**

Die Anwendung von **DaZ-Methoden** wird als sinnvoll erachtet, wenn sie allen Schülerinnen und Schülern hilft. Die didaktisch-methodische Schrittfolge *verstehen – sprechen – lesen – schreiben* wird berücksichtigt.

**DaZ-Methodik**

Die **Textentlastung** speziell für DaZ-Schülerinnen und -Schüler wird durch einfache Satzmuster und Worterklärungen realisiert. Die gewählte Schriftart ohne Serifen ist auf Grund ihrer Formen besonders für schwache Schülerinnen und Schüler gut lesbar. Ein sinnfälliger Zeilenfall erleichtert das Erfassen der Inhalte in Sinneinheiten. Illustrationen sind funktional eingesetzt und unterstützen den Zugang zu den Texten. **Geleitetes Schreiben** durch Satzschalttafeln ermöglicht auch schwachen Schülerinnen und Schülern eine korrekte Textproduktion. Nach dem Grundsatz „Richtig schreiben lernt man durch Schreiben, vor allem Abschreiben" bieten die Hefte (vor allem *Rechtschreiben* und *Grammatik*) eine Fülle von Schreib- und Abschreibaufgaben. Eine entsprechende Anleitung findet sich auf den Klappen des Umschlags. Die **Arbeitsanweisungen** sind kleinschrittig und präzise formuliert, um auch Schülerinnen und Schülern mit geringeren Deutschkenntnissen die (selbstständige) Arbeit mit dem Material zu ermöglichen. Für den Arbeitsauftrag „Abschreiben" gibt es ein Piktogramm.

**Textentlastung**

**geleitetes Schreiben**

**kleinschrittige Arbeitsanweisungen**

Wiederkehrende **Lern- und Orientierungshilfen** begleiten durch die Arbeitshefte:

- Starthilfen erleichtern den Einstieg in die Aufgaben.
- Wörterlisten in der Randspalte stellen Wortmaterial für die Bearbeitung der Aufgaben bereit.
- Merkwissen ist auf den Seiten deutlich durch Fettdruck hervorgehoben.
- Strategien in der Randspalte machen in knapper Form das sprachliche Handeln bewusst.

**Lern- und Orientierungshilfen**

Dieses durchgängige Hilfesystem unterstützt das eigenständige Arbeiten der Schülerinnen und Schüler. Einprägsame Piktogramme erleichtern das Wiedererkennen.

## Gliederung/Aufbau

In den Arbeitsheften hat jede Seite rechts eine f**arbig abgesetzte Randspalte**. In dieser sind Lernstrategien und Wortmaterial als Lösungshilfen platziert und durch entsprechende Piktogramme deutlich gekennzeichnet.
Die Spalte ist immer auf der rechten Seite, sodass die Schüler – gleichgültig, ob sie auf der linken oder auf der rechten Seite der Doppelseiten arbeiten – durchgängig die gleiche Blickrichtung haben.
Eine Auflistung von Wörtern aus dem **Grundwortschatz** in der rechten oberen Ecke jeder Doppelseite findet sich in den Heften *Grammatik* und *Rechtschreiben*.

**Übungen zum Grundwortschatz**

## Einleitung

Die Nomen sind für die DaZ-Schülerinnen und -Schüler mit dem bestimmten Artikel angegeben. Diese Auflistung ermöglicht es, (auch zur Differenzierung) weiterführende oder ergänzende Aufgaben zu stellen. (Anregungen hierzu finden sich in dieser Handreichung auf der Seite 27). Über den Grundwortschatz hinausgehende Lexik wird in den **Fußnoten** semantisiert. Die zu erklärenden Wörter sind im Text mit einer Hochzahl versehen; die Zahl taucht vor der Worterklärung in der Fußnote wieder auf. In den Heften *Rechtschreiben* und *Lesetraining* werden die Schülerinnen und Schüler aufgefordert, die Wörter und ihre Bedeutungen ins Heft abzuschreiben. Es empfiehlt sich, ein spezielles Lernheft für diese Wörter anzulegen.

**Worterklärungen in der Fußnote**

**Lernheft für Grundwortschatz**

Unter der Rubrik **Extraportion** am Ende der Lerneinheiten werden die behandelten Formen und Strukturen noch einmal in ihrer Gesamtheit geübt. Diese vertiefenden Übungen fordern die Schülerinnen und Schüler auf, über die bisherigen Aufgabenstellungen hinaus ihre Erfahrungen mit der deutschen Schriftsprache produktiv und kreativ einzubringen. Hier können sie den erarbeiteten Stoff der Einheit in umfangreicheren Übungen vertiefen. Die Extraportionen eignen sich besonders zur Differenzierung.

**Extraportionen**

Zur Unterstützung des eigenständigen Arbeitens finden die Schülerinnen und Schüler in den **Umschlagseiten und Klappen metasprachliche Erklärungen**, die für die Arbeit mit dem jeweiligen Heft von zentraler Bedeutung sind. Da die Schülerinnen und Schüler die Umschlagseiten während der Arbeit mit dem Heft aufklappen können, haben sie die notwendigen grammatischen Begriffe ständig zur Hand. Sie können sich informieren, können die Begriffe wiederholen und sie sich so langfristig einprägen. Auf den **Umschlaginnenseiten** finden die Schülerinnen und Schüler weitere wichtige Informationen: Zusammenstellungen der im Heft erwähnten Strategien und Regeln sowie Grammatikübersichten. Alle Hefte haben einen **Lösungseinleger**.

**metasprachliche Erklärungen**

**Lösungseinleger**

## Erläuterungen

**zentrale Problembereiche**

Das Heft ***Rechtschreiben*** berücksichtigt folgende zentrale Problembereiche der deutschen Rechtschreibung:

- die Schreibung nach langem Vokal,
- die Schreibung nach kurzem Vokal,
- verwandte Wörter,
- Fremdwörter,
- die Großschreibung,
- die Getrennt- und Zusammenschreibung,
- die Kommasetzung.

Es macht den Lernern diese speziellen Schwierigkeiten bewusst und enthält vielfältige Übungen, mit denen sie ihre Rechtschreibung trainieren und sichern können.

## Begründungskontext

**Länge von Vokalen**

Im Vergleich zu vielen anderen Sprachen verfügt die deutsche Sprache über eine große Anzahl von Vokalen. Ein spezielles Problem ist dabei das Phänomen ihrer Länge bzw. Kürze. Für die Verschriftlichung dieser verschiedenen Laute stehen aber lediglich fünf Zeichen **a – e – i – o – u** zur Verfügung, Lang- und Kurzvokal werden mit dem gleichen Buchstaben geschrieben. Zur Kennzeichnung der Länge bzw. Kürze dienen daher verschiedene Rechtschreibnormen, die man kennen muss.

**Umlaute**

Ebenfalls um die Vokale geht es bei verwandten Wörtern. Hier stehen die Beziehungen zwischen **a** und **ä** sowie **au** und **äu** im Vordergrund. Das Erkennen der Verwandtschaft von Wörtern, das Zurückführen eines Wortes auf den Wortstamm, unterstützt die Lerner dabei, dieses Wort korrekt zu schreiben.

**Großschreibung**

Das Schreiben von Fremdwörtern, die **Großschreibung** von Nomen und insbesondere die Getrennt- und Zusammenschreibung unterliegen einer Reihe von Rechtschreibnormen, die verstanden und gelernt werden müssen.
Gleiches gilt für die Regeln zur Kommasetzung. Folgende Regeln werden thematisiert:

- Komma vor den Konjunktionen *doch, aber, sondern* und *denn*, die zwei Hauptsätze miteinander verbinden,
- Komma zwischen Wörtern und Wortgruppen,
- Komma vor den Konjunktionen *als, weil* und *dass*, die einen Nebensatz einleiten,
- Kommas zur Kennzeichnung eines eingebetteten Nebensatzes.

## Erläuterungen

### Zielgruppe

**Rechtschreibschwierigkeiten und phonetische Probleme**

Zu den **Rechtschreibschwierigkeiten**, die alle Schülerinnen und Schüler beim Verschriftlichen der Vokale haben, kommen für Lerner mit einer anderen Erstsprache als Deutsch und für deutsche Dialektsprecher noch **phonetische Probleme** hinzu.
So kennen z.B. Schülerinnen und Schüler mit türkischer, polnischer oder arabischer Erstsprache nur eine Vokallänge, die häufig zwischen unserem Lang- bzw. Kurzvokal liegt. Diese Lerner sind es folglich nicht gewohnt, auf die Dauer von Vokalen zu achten. Für das Deutsche ist das aber insofern wichtig, als die **Vokallänge bedeutungsunterscheidend** ist (*Ofen – offen, rate – Ratte*).

**Dialektsprecher**

Ähnliche Schwierigkeiten haben **deutsche Dialektsprecher**, da in verschiedenen Dialekten (z.B. Bairisch oder Hessisch) Vokallängen oder Vokale in Bezug auf die Standardsprache variieren.

**DaZ-Schülerinnen und -Schüler**

Die für das Deutsche typische Rechtschreibkonvention, die **Großschreibung** von Nomen, ist ein Phänomen, das **DaZ-Schülerinnen und -Schülern** aus ihrer Erstsprache – gleichgültig, ob diese mit lateinischen, kyrillischen, arabischen oder anderen Buchstaben geschrieben wird – gänzlich unbekannt ist. Für alle deutschen Lerner ist sie ein wesentlicher Fehlerschwerpunkt. Auch das Setzen von Kommas ist in vielen Erstsprachen der Lerner entweder gänzlich unbekannt oder aber von anderen Regeln geleitet. Problematisch ist die Kommasetzung aber ebenfalls für deutsche Schüler.
Besondere Rechtschreibschwierigkeiten, die für alle Lerner gleichermaßen bedeutsam sind, beinhalten die Schreibung von Fremdwörtern sowie die Getrennt- und Zusammenschreibung. Die korrekte Schreibung dieser Wörter und Wortgruppen setzt das sichere Beherrschen von zu Grunde liegenden Regeln voraus.

### Heftaufbau

**einheitlicher Seitenaufbau**

Das Heft hat eine **einheitliche** durchgängige **Struktur**, sodass die Schülerinnen und Schüler, wenn sie diese Struktur verstanden haben, **allein und selbstgesteuert** mit dem Heft **arbeiten** können. Dazu ist es notwendig, dass die Lehrkraft eine einmalige Einführung (ca. eine Unterrichtsstunde) gibt, bei der vor allem darauf geachtet werden muss, die Lerner zum genauen Lesen der Arbeitsanweisungen anzuhalten. Schülerinnen und Schülern, die bereits mit dem Heft *„Gezielt fördern: Rechtschreiben 5/6"* gearbeitet haben, ist diese Struktur vertraut.
Jede Einheit beginnt mit einem **Material** (authentischer Text, Lückentext, Konzentrationsübung, Rätsel usw.). Es bietet den Lernern einen motivierenden Einstieg, präsentiert das Rechtschreibphänomen und stellt Sprechimpulse, Redemittel und Wortmaterial für die anschließenden **Übungen** bereit. Diese Übungen bieten vielfältige anregende Aufgabenstellungen und vermitteln Einsichten in Rechtschreibregeln.

Zum Abschluss jeder Einheit gibt es vertiefende Aufgaben für die individuelle Weiterarbeit. Hier werden zu den behandelten Themen zusätzliche motivierende Übungen angeboten, um das Gelernte zu festigen und langfristig zu sichern. Am Ende des Heftes findet der Lerner **vier Seiten mit *Tests*** zu den Themen: *Schreibung nach Langvokal, Großschreibung, Getrennt- und Zusammenschreibung, Kommasetzung*. Diese Tests sind unterschiedlich einsetzbar: Entweder haben die Schülerinnen und Schüler Gelegenheit, sich und ihren Lernerfolg selbst zu testen, oder aber die Tests können im Lerngruppenverband bearbeitet werden. Die zu erreichende Punktzahl ist jeweils vorgegeben.

**strategiegeleitetes Lernen**

Bei allen Übungen steht das **strategiegeleitete Lernen** im Vordergrund. Den Schülerinnen und Schülern werden nicht nur Regeln gegeben, sondern ihnen werden vielfältige Strategien vermittelt, die ihnen ihr Tun bewusst machen und das Lernen erleichtern.

**altersgemäßer Grundwortschatz**

Dabei wird ein altersgemäßer **Grund- und Fachwortschatz** zu Grunde gelegt, auf unterschiedliche Weise semantisiert und durch vielfältige Übungen gesichert. Das berücksichtigt insbesondere DaZ-Lerner, aber auch sprachlich wenig geförderte deutsche Lerner.

## Lernziele

Die Lerner müssen sich bewusst machen,

- dass die **Vokallänge** durch verschiedene **Rechtschreibregeln** verdeutlicht werden kann (ein Konsonant, ein Doppelkonsonant, mehrere Konsonanten, Doppelvokal, Dehnungs-h, ie),
- dass es **Verwandtschaften zwischen Wörtern** gibt, die sich auf die Rechtschreibung auswirken,
- dass **Nomen** immer **großgeschrieben** werden,
- dass **aus Verben und Adjektiven Nomen werden** können, die dann groß geschrieben werden,
- dass die **Schreibung von Fremdwörtern** besonderen Regeln unterliegt,
- dass die **Getrennt- und Zusammenschreibung von Wörtern bzw. Wortgruppen** festen Regeln unterliegt,
- dass zwischen zwei Hauptsätzen, zwischen Haupt- und Nebensätzen und bei Aufzählungen **Kommas** gesetzt werden müssen,
- dass **Regeln und Lernstrategien helfen**, richtig zu schreiben,
- dass sie mit deren Hilfe in der Lage sind, **selbstständig zu arbeiten**.

**Regeln und Lernstrategien**

## Methoden

**gelenkte Schreibaufgaben**

Nach der Erkenntnis „Richtig schreiben lernt man durch Schreiben, insbesondere durch Abschreiben" bietet das Heft eine Fülle von Schreibaufgaben. Diese sind anfangs stark gelenkt, damit die Lerner sich die **vorgegebenen Wortbilder** durch häufiges Umgehen mit ihnen einprägen.
Das sind u.a.

- Wörterlisten und Texte abschreiben,
- Wörter aus einer Buchstabenmenge herausfinden,
- Wörter nach verschiedenen Kriterien geordnet aufschreiben,
- Lückenwörter mit vorgegebenen Buchstaben vervollständigen.

**Kontextualisierung**

Sind die Wortbilder gesichert, werden sie kontextualisiert durch z.B.

- Lückensätze mit vorgegebenen Wörtern vervollständigen,
- Rätselsätze,
- Definitionen zuordnen,
- Wortgruppen zu Sätzen verbinden,
- Sätze zu vorgegebenen Wörtern bilden,
- Wortpaare bilden.

**optische Signale, Tipps und Regeln**

**Optische Signale** wie Markieren, Einkreisen und Unterstreichen unterstützen den Lernprozess, dessen Bewusstmachen ein durchgängiges Prinzip ist. Dazu findet der Lerner in der jeweils auf der rechten Seite platzierten Randspalte Lernstrategien (z.B. Benutzen von vorgegebenen Wörterlisten). **Tipps** (z.B. *Die Wörter in der Randspalte helfen dir*) **und Regeln** (z.B. *Steht nach dem Vokal nur ein Konsonant, wird der Vokal fast immer lang gesprochen*) findet der Lerner als Zwischenspann, optisch durch Fettdruck bzw. andere Farbgebung hervorgehoben. Diese Lernstrategien, Tipps und Regeln machen dem Lerner sein Tun bewusst und helfen ihm, seinen Lernprozess zunehmend eigenständig zu steuern. Zusätzliche Differenzierungen beinhalten die vertiefenden Übungen. Sie stehen am Ende einer Lerneinheit und sind geeignet, den Lernstoff der Einheit über die bisherigen Aufgabenstellungen hinaus zu trainieren und zu festigen.
In den Innenumschlagseiten sind alle Strategien, Tipps und Regeln noch einmal aufgelistet.

**Erweiterung für den Klassenverband**

Alle Übungen lassen sich **für den Klassenverband erweitern**. So können die Wörter aus den Wörterlisten alphabetisch oder nach anderen Kriterien geordnet und geschrieben sowie als Partnerdiktat eingesetzt werden. Auch zur Satzbildung bzw. Textproduktion oder für grammatische Übungen (Pluralbildung, Nomendeklination, Verbkonjugation, Zeitformen bilden, Adjektivsteigerung usw.) sind diese Wörter geeignet. Texte können als Diktattexte für Klassenarbeiten verwendet werden.

## Seitenaufbau

**1** Das **Material** präsentiert das Phänomen und stellt Sprechimpulse und Wortmaterial bereit. Illustrationen erleichtern die Semantisierung.

**2** In der **Randspalte** wird häufig Wortmaterial bereitgestellt, das den Schülerinnen und Schülern bei der Bearbeitung der Aufgaben hilft. Dieses Wortmaterial als wiederkehrende Lernhilfe unterstützt – wie auch die Starthilfen – das eigenständige Arbeiten der Schülerinnen und Schüler.

**3** Die Regel steht als **Merksatz** im Zwischenspann. Sie ist typografisch hervorgehoben.

**4** Stark **gelenkte Übungen** festigen die Wortbilder der Lernwörter. Dabei werden bereits bekannte grammatische Phänomene (hier zum Beispiel Wortarten) wiederholt. Nomen werden immer mit dem bestimmten Artikel geschrieben. Das ist eine wesentliche Merkhilfe für DaZ-Schülerinnen und -Schüler.

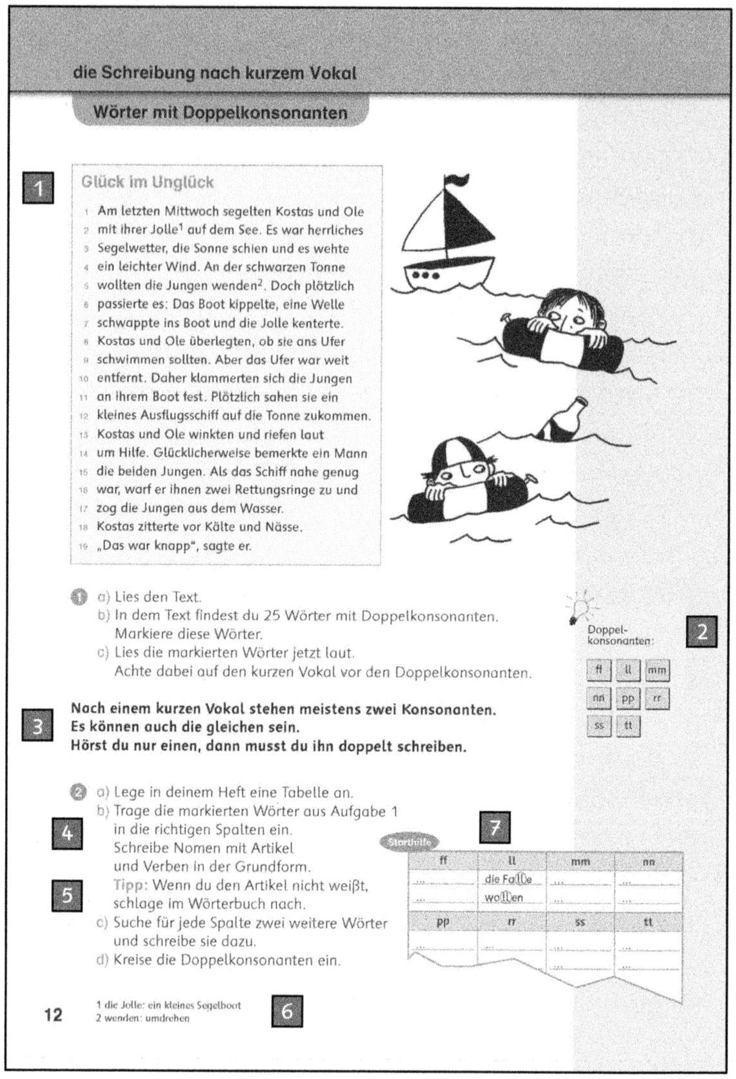
die Schreibung nach kurzem Vokal

Wörter mit Doppelkonsonanten

1

Glück im Unglück

Am letzten Mittwoch segelten Kostas und Ole mit ihrer Jolle[1] auf dem See. Es war herrliches Segelwetter, die Sonne schien und es wehte ein leichter Wind. An der schwarzen Tonne wollten die Jungen wenden[2]. Doch plötzlich passierte es: Das Boot kippelte, eine Welle schwappte ins Boot und die Jolle kenterte. Kostas und Ole überlegten, ob sie ans Ufer schwimmen sollten. Aber das Ufer war weit entfernt. Daher klammerten sich die Jungen an ihrem Boot fest. Plötzlich sahen sie ein kleines Ausflugsschiff auf die Tonne zukommen. Kostas und Ole winkten und riefen laut um Hilfe. Glücklicherweise bemerkte ein Mann die beiden Jungen. Als das Schiff nahe genug war, warf er ihnen zwei Rettungsringe zu und zog die Jungen aus dem Wasser. Kostas zitterte vor Kälte und Nässe. „Das war knapp“, sagte er.

1 a) Lies den Text.
b) In dem Text findest du 25 Wörter mit Doppelkonsonanten. Markiere diese Wörter.
c) Lies die markierten Wörter jetzt laut. Achte dabei auf den kurzen Vokal vor den Doppelkonsonanten.

2 Doppelkonsonanten: ff ll mm nn pp rr ss tt

3 **Nach einem kurzen Vokal stehen meistens zwei Konsonanten.
Es können auch die gleichen sein.
Hörst du nur einen, dann musst du ihn doppelt schreiben.**

2 a) Lege in deinem Heft eine Tabelle an.
4 b) Trage die markierten Wörter aus Aufgabe 1 in die richtigen Spalten ein. Schreibe Nomen mit Artikel und Verben in der Grundform.
5 Tipp: Wenn du den Artikel nicht weißt, schlage im Wörterbuch nach.
c) Suche für jede Spalte zwei weitere Wörter und schreibe sie dazu.
d) Kreise die Doppelkonsonanten ein.

7 Starthilfe

| ff | ll | mm | nn |
|---|---|---|---|
| … | die Falle | … | … |
| … | wollen | … | … |
| **pp** | **rr** | **ss** | **tt** |
| … | … | … | … |
| | | … | … |

12 1 die Jolle: ein kleines Segelboot
2 wenden: umdrehen
6

**5** Der **Tipp** ist Teil eines durchgängigen Hilfesystems und verweist auf Lösungshilfen.

**6** In der **Fußnote** stehen neue Wörter, die nicht in den Übungen kontextualisiert sind. Die Bedeutungen werden durch Synonyme, Einbettungen in Kontexte sowie durch Illustrationen vermittelt. Die neuen Wörter und ihre Bedeutungen werden grundsätzlich ins Heft abgeschrieben – es empfiehlt sich dafür ein eigenes Vokabelheft.

**7** **Starthilfen** sind ebenfalls Teil des Hilfesystems, das die Schülerinnen und Schüler durch die Arbeitshefte begleitet. Sie erleichtern den Einstieg in die Bearbeitung der Aufgaben, indem Wörter, Satzanfänge oder ganze Sätze vorgegeben werden.

## Seitenaufbau

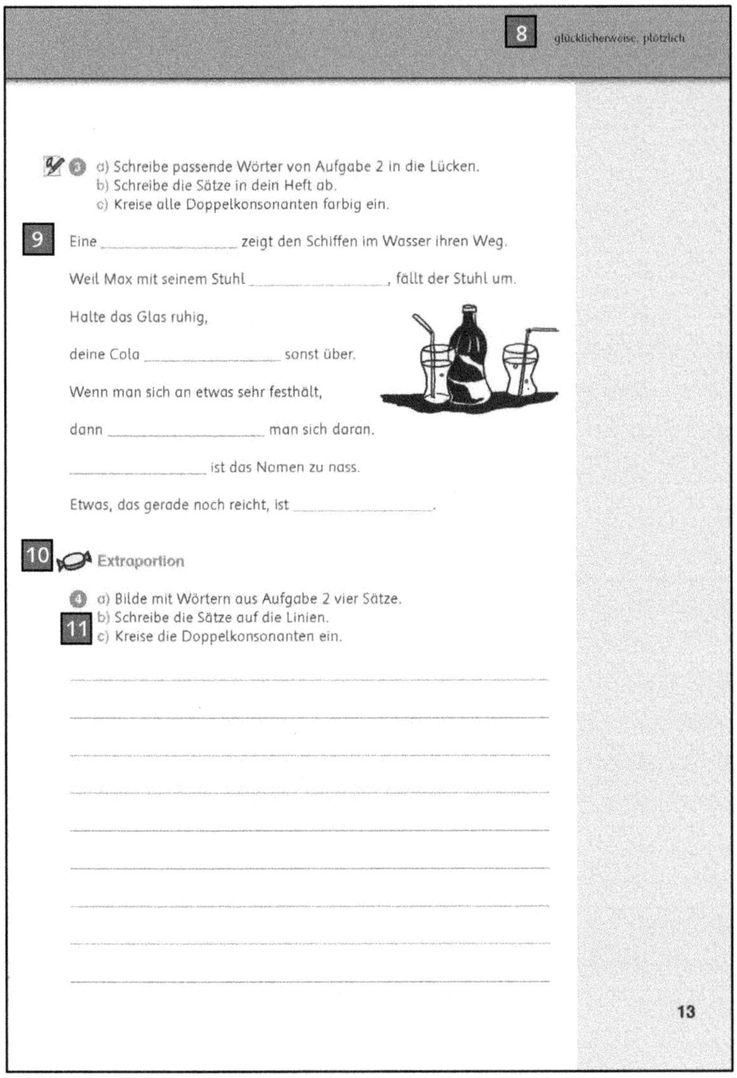

8 glücklicherweise, plötzlich

3 a) Schreibe passende Wörter von Aufgabe 2 in die Lücken.
b) Schreibe die Sätze in dein Heft ab.
c) Kreise alle Doppelkonsonanten farbig ein.

9 Eine ________ zeigt den Schiffen im Wasser ihren Weg.

Weil Max mit seinem Stuhl ________, fällt der Stuhl um.

Halte das Glas ruhig,

deine Cola ________ sonst über.

Wenn man sich an etwas sehr festhält,

dann ________ man sich daran.

________ ist das Nomen zu nass.

Etwas, das gerade noch reicht, ist ________.

10 Extraportion

4 a) Bilde mit Wörtern aus Aufgabe 2 vier Sätze.
11 b) Schreibe die Sätze auf die Linien.
c) Kreise die Doppelkonsonanten ein.

13

**8** In der **Kopfleiste** finden die Schülerinnen und Schüler Wörter mit speziellen Rechtschreibproblemen aus dem Grundwortschatz (zum Beispiel lange Wörter, Konsonantenhäufungen, selten vorkommende Buchstaben wie c, j, ß, z). Diese Wörter sollten besonders intensiv geübt werden. (Anregungen hierzu siehe Seite 27).

**9** **Lückensätze** oder -texte kontextualisieren die Lernwörter aus der Wörterliste. Soll ein Text ins Heft abgeschrieben werden, so steht neben der Aufgabenstellung ein entsprechendes Piktogramm.

**10** Die **Extraportionen** bieten Zusatzmaterialien und -aufgaben an, die der inneren Differenzierung dienen. Sie regen die Schülerinnen und Schüler zu kreativer Spracharbeit an. Die Aufgabenstellungen sprechen verschiedene Lernkanäle an, sie aktivieren andere Fähigkeiten (z.B. Auswendiglernen, kleine Geschichten schreiben). Dabei können die Schülerinnen und Schüler ihre eigenen Erfahrungen mit der (neuen) Sprache einbringen.

**11** Das Markieren, Unterstreichen oder Einkreisen ist als **optisches Signal** eine Lernhilfe und vertieft die Einsicht in Rechtschreibregeln.

## Erläuterungen

Das Heft ***Lesetraining*** berücksichtigt drei zentrale Voraussetzungen für das sinnentnehmende Lesen:

- Konzentration,
- Augenbewegung sowie
- Lesetechniken und -strategien.

**drei zentrale Voraussetzungen**

Es macht den Lernern diese Voraussetzungen bewusst und enthält vielfältige Übungen, mit denen sie ihre Lesefähigkeit steigern und sichern können. Durch seine klare und durchgängige Struktur ist das Heft für das **differenzierende Selbstlernen** sowohl in der Schule als auch zu Hause geeignet. Darüber hinaus können die Übungen für die Arbeit im Klassenverband erweitert werden.

## Begründungskontext

Die Ergebnisse der ersten **PISA-Studie** belegen, dass viele Schülerinnen und Schüler der Sekundarstufe I nicht über die **1. Stufe einer elementaren Lesekompetenz** hinauskommen. Besonders **hoch** ist dabei der **Anteil von Jugendlichen aus Zuwandererfamilien**. Da das Lernen in der Schule in beinahe allen Fächern zum überwiegenden Teil auf der Basis von Texten erfolgt, zählt die **Fähigkeit, mit Texten umgehen** zu können, zu den **zentralen Voraussetzungen für schulisches Lernen**.

**Lesekompetenz**

**mit Texten umgehen**

Aber was bedeutet „Mit Texten umgehen können" im Einzelnen? Der erste und entscheidende Schritt ist, einen Text sinnentnehmend lesen zu können. Sich einen Text erschließen und seinen Inhalt sichern zu können setzt Wissen und Fertigkeiten in verschiedenen Bereichen voraus. Die Schülerinnen und Schüler müssen

- Buchstabenformen (wieder-)erkennen und unterscheiden,
- die Buchstaben-Laut-Beziehung der deutschen Schriftsprache kennen,
- Wörter inhaltlich verstehen,
- Zusammenhänge zwischen Wörtern herstellen,
- wesentliche Aussagen finden,
- den „roten Faden" eines Textes erkennen können.

## Zielgruppe

Das Heft *Lesetraining* wendet sich an Schülerinnen und Schüler der 7./8. Klasse aller Schularten, die lediglich über eine **elementare Lesekompetenz** verfügen. Das betrifft sowohl Schülerinnen und Schüler mit Deutsch als Erstsprache als auch besonders Schülerinnen und Schüler mit **Deutsch als Zweitsprache**.

**Gründe für die mangelhaften Leseleistungen** können folgende sein:

**Gründe für mangelhafte Leistungen**

- Konzentrationsschwächen,
- nicht ausreichende Augenbewegung,
- fehlende Sicherheit in den Buchstabenformen,
- mangelnde Kenntnis der Buchstaben-Laut-Beziehung (Orthografiekenntnisse),
- zu geringer Wortschatz,
- Defizite im morphosyntaktischen Wissen (Welche Konjugations-oder Deklinationsendung muss ein Wort an einer bestimmten Stelle im Satz haben? Welche Wortart kann an einer bestimmten Stelle im Satz nur vorkommen?),
- fehlendes Weltwissen (es können keine Hypothesen bezüglich des Inhalts gebildet werden).

Gerade in den Bereichen **Buchstabenformen, Buchstaben-Laut-Beziehung, Wortschatz sowie Morphemik (Veränderung von Wortkörpern) und Syntax (Satzbau)** haben viele **DaZ-Schülerinnen und -Schüler** erhebliche **Probleme** und **Defizite**. Daher bietet das Heft vielfältige Übungen, diese Defizite aufzuarbeiten.

## Heftaufbau

Das Heft ist in **acht Einheiten** gegliedert. Sechs Einheiten basieren auf stark **vereinfachten Sachtexten**. Den beiden letzten Einheiten liegen **literarische Texte** zu Grunde. Hierbei handelt es sich um altersgerechte Texte der aktuellen Kinder- und Jugendliteratur.

**Sach- und literarische Texte**

Die Einheiten zu Sachtexten umfassen jeweils acht, die zu literarischen Texten sechs Seiten. Alle Einheiten sind nach dem gleichen Muster aufgebaut. Jeder Einheit **vorgeschaltet** ist eine Doppelseite, die **Übungen zur Konzentration und Lesetechniken** enthält. Diese Seiten sind durch eine zartgelbe Hinterlegung sowie durch eine gelbe Kopfleiste kenntlich gemacht. Die Aufgaben sind thematisch mit der anschließenden Einheit verbunden, die hier trainierten Lesetechniken werden auf den folgenden Seiten wieder aufgegriffen und geübt. An die vorgeschalteten Doppelseiten schließen sich Sachtexte bzw. literarische Texte mit entsprechenden Aufgaben an. Die blaue Kopfleiste enthält das Thema. Jede Einheit bietet **zwei unterschiedliche Texte zu dem gleichen Thema** und sich daran anschließende Aufgaben zur Texterschließung und Textsicherung. Diese Texte sind in **zwei Schwierigkeitsstufen** gegliedert (einfach und schwierig). **Innerhalb jeder Einheit** sowie **im gesamten Heft** ist eine **Progression** bezüglich des Wortschatzes, der Komplexität der Sätze sowie der Schwierigkeit der Aufgabenstellungen zu finden. Auch die Konzentrations- und Leseübungen sind progressiv aufgebaut.

**Übungen zu Konzentration und Lesetechnik**

**Texte in zwei Schwierigkeitsstufen**

**Progression**

Erläuterungen

## Lernziele

Das übergeordnete Lernziel ist die Fähigkeit, einen Sachtext oder einen literarischen Text sinnentnehmend zu lesen. Um das zu erreichen, ist es notwendig, den Schülerinnen und Schülern **Fertigkeiten** zu vermitteln, wie zum Beispiel

- ihre Wahrnehmung zu fördern,
- ihre Lesegenauigkeit zu trainieren oder
- ihre Leseflüssigkeit zu steigern.

Dazu dienen die Aufgaben zur Konzentration und zu verschiedenen Lesetechniken auf den jeder Einheit vorgeschalteten Doppelseiten.

**Methoden zur Texterschließung und -sicherung**

Des Weiteren müssen den Schülerinnen und Schülern **Methoden zur Texterschließung sowie zur Textsicherung vermittelt** werden. Diese Methoden sollen **strategiegeleitet** sein, d.h., die Schülerinnen und Schüler sollen lernen, mit Hilfe von Strategien einen Text systematisch und automatisch zu erschließen und zu sichern. Das setzt voraus, dass die Schülerinnen und Schüler diese Strategien kennen und sie bewusst einsetzen.

**Textknacker-strategie**

Da sich das Arbeitsheft an **DaZ-Methoden** orientiert, spiegelt sich der **Textknacker** in seinen Grundzügen in diesem Heft wider. Dabei wird in jeder Einheit eine Strategie als Schwerpunkt gesetzt und geübt. Bereits eingeführte Strategien werden in späteren Einheiten mehrfach wiederholt und gefestigt. Die Reihenfolge des Textknackers wird im gesamten Heft beibehalten. Im Sinn der Progression sollen die Schülerinnen und Schüler am Ende des Heftes in der Lage sein, alle Strategien einsetzen zu können.

**Motivation durch Textauswahl**

Die Auswahl der **Sachthemen** sowie der **literarischen Texte** soll die Lerner **motivieren** und ihnen einen **emotionalen Zugang** zu den Texten ermöglichen.

## Methoden

**interkulturelle Themen**

**Textentlastung**

**Worterklärungen**

Sowohl für die Einheiten zu Sachtexten als auch für diejenigen zu literarischen Texten wurden Themen und Texte ausgesucht, die aus dem Erlebnis- und Erfahrungsraum Jugendlicher stammen bzw. ihr Interesse wecken. Dabei wurde darauf geachtet, auch **interkulturelle Themen** zu berücksichtigen. Das Heft arbeitet mit **vereinfachten Texten**, d.h., die Sachtexte wurden bezüglich des Umfangs, des Wortmaterials und der Komplexität der Sätze entlastet. Die literarischen Texte sind jeweils Originaltexte. **Worterklärungen** finden die Lerner im Text, in Fußnoten, in speziellen Aufgaben oder durch Bilder. Dadurch wird die Bedeutung der Wörter als ein zentraler Zugang zum Textverständnis insbesondere für DaZ-Schülerinnen und -Schüler erarbeitet und sichergestellt. Alle Texte haben eine **Zeilennummerierung**. Das erleichtert die Orientierung im Text und das Arbeiten am Text.

## Erläuterungen

Die **Aufgabentypen** orientieren sich an den **Textknackerstrategien**.

**Aufgaben zur Texterschließung**

**Aufgaben zur Texterschließung** sind:

- aus Bildern / aus der Überschrift den Inhalt des Textes antizipieren,
- Text in Abschnitte unterteilen,
- Überschriften bzw. Zwischenüberschriften finden,
- markierte Schlüsselwörter herausschreiben,
- Schlüsselwörter Absätzen zuordnen,
- Absätze in die richtige Reihenfolge bringen,
- bestimmte Zahlen, Informationen im Text suchen und markieren,
- Lückensätze vervollständigen,
- W-Fragen beantworten,
- eine Grafik ebenso erschließen.

**Aufgaben zur Textsicherung**

**Aufgaben zur Textsicherung** sind:

- Sätze umformulieren,
- richtige Aussagen herausfinden,
- Satzteile verbinden,
- Fragen zum Text beantworten,
- Inhalte zusammenfassen.

**produktionsorientierte Aufgaben**

Bei den Einheiten zu literarischen Texten kommen weitere **produktionsorientierte Aufgabenformen** hinzu, wie:

- Gefühle der Protagonisten beschreiben,
- aus der Sicht eines Protagonisten erzählen,
- den Text erweitern,
- fehlende Textteile ergänzen.

Diese Aufgaben geben den Lernern die Möglichkeit, Empathie für die literarischen Personen zu entwickeln, sich mit ihnen zu identifizieren oder auch eigene Gefühle auf die Personen zu projizieren.

Optische Signale wie Markieren, Einkreisen und Unterstreichen unterstützen den Lernprozess, dessen **Bewusstmachen** ein durchgängiges Prinzip ist. Dazu findet der Lerner in der jeweils auf der rechten Seite platzierten Randspalte **Lernstrategien** (z.B. *Sieh dir die Bilder an*).

**Tipps** (z.B. *Du kannst eine Überschrift auswählen oder dir selbst eine Überschrift ausdenken)* und **Regeln** (z.B. *Die Absätze unterteilen einen Text*) findet der Lerner als Zwischenspann, optisch durch Fettdruck bzw. andere Farbgebung hervorgehoben.

Diese Lernstrategien, Tipps und Regeln machen dem Lerner sein Tun bewusst und helfen ihm, seinen Lernprozess zunehmend eigenständig zu steuern.

## Seitenaufbau

**1** Sukzessive wird der Textknacker eingeführt und geübt. In der Kopfleiste wird dabei jeweils der **Textknackerschritt** genannt, welcher **schwerpunktmäßig** auf den folgenden Seiten trainiert wird.

**2** Der **Fließtext** präsentiert in den Einheiten 1 bis 6 Sachtexte, in den Einheiten 7 und 8 literarische Texte. Diese Texte sind Ausgangsmaterial für die sich anschließenden Übungen. Sie haben grundsätzlich eine **durchgehende Zeilennummerierung** und einen **sinnfälligen Zeilenfall**. **Schlüsselwörter** erscheinen im Fettdruck. Sollen **Zwischenüberschriften** in den Text eingefügt werden, sind dafür Schreiblinien vorhanden. Die **Gliederung** der Texte ist durch einen größeren Durchschuss zwischen den Absätzen klar gekennzeichnet.

**3** Die **Illustrationen** unterstützen das Textverständnis. Sie bauen Vorerwartungen auf, verdeutlichen Situationen und erklären einzelne Wörter. Wenn es die Aufgabenstellungen erfordern, sind die Illustrationen nummeriert; teilweise finden sich darunter Bildunterschriften oder Schreibzeilen, sodass die Schülerinnen und Schüler selbst passende Bildunterschriften ergänzen können.

**1** Der Textknacker – Schritt 3: die Absätze

Die ersten Fahrräder

☐ ______

**2** **Die ersten Fahrräder** waren **Laufräder**. **Zwei Räder** waren durch einen **Holzbalken** verbunden. Auf diesem Balken saß der Fahrer. Er musste sich **mit den Füßen vom Boden abstoßen**. Die ersten Laufräder konnte man **nicht lenken**.

**3**

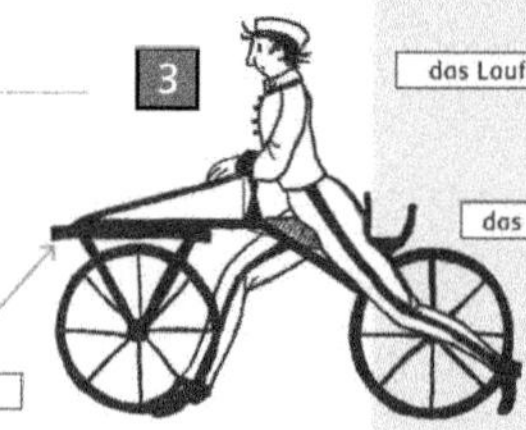


☐ ______

**1817** machte man **das Vorderrad** vom Laufrad **lenkbar**. Nun konnte man das Fahrrad lenken. So **kippte** es auch **nicht mehr so schnell um**. Diese Fahrräder waren die Vorgänger der modernen Fahrräder. Zuerst war diese Erfindung sehr beliebt. Doch schon bald lachte man über sie. Niemand wollte sich mehr damit zeigen. Man baute insgesamt nur wenige dieser lenkbaren Laufräder.

☐ ______

**1853** erfand und baute man **ein Fahrrad mit einer Tretkurbel am Vorderrad**. Dieses Fahrrad wurde **durch Treten bewegt**. Es hatte bereits **Licht** (Kerze) und **eine Bremse** (Kurbel). **Die Bremse funktionierte** aber **nur beim Geradeausfahren**.

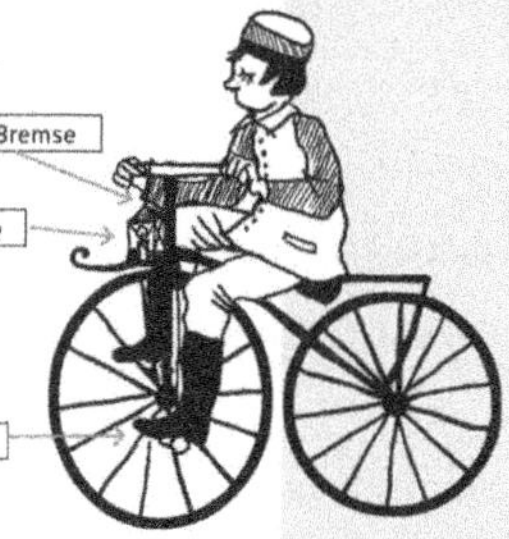


**4** Der Textknacker hilft dir, den Text zu lesen und zu verstehen.
Beachte zunächst die ersten beiden Schritte.

- Sieh dir die Bilder an.
- Lies die Überschrift.

22

**4** **Die Schritte des Textknackers** stehen als **Vor- und Zwischenspann** und sind optisch durch Fettdruck hervorgehoben. In den späteren Einheiten werden die bereits erarbeiteten Textknackerschritte der vorangegangenen Einheiten wieder aufgegriffen. Die Schrittfolge des Textknackers bleibt dabei stets gleich.

## Seitenaufbau

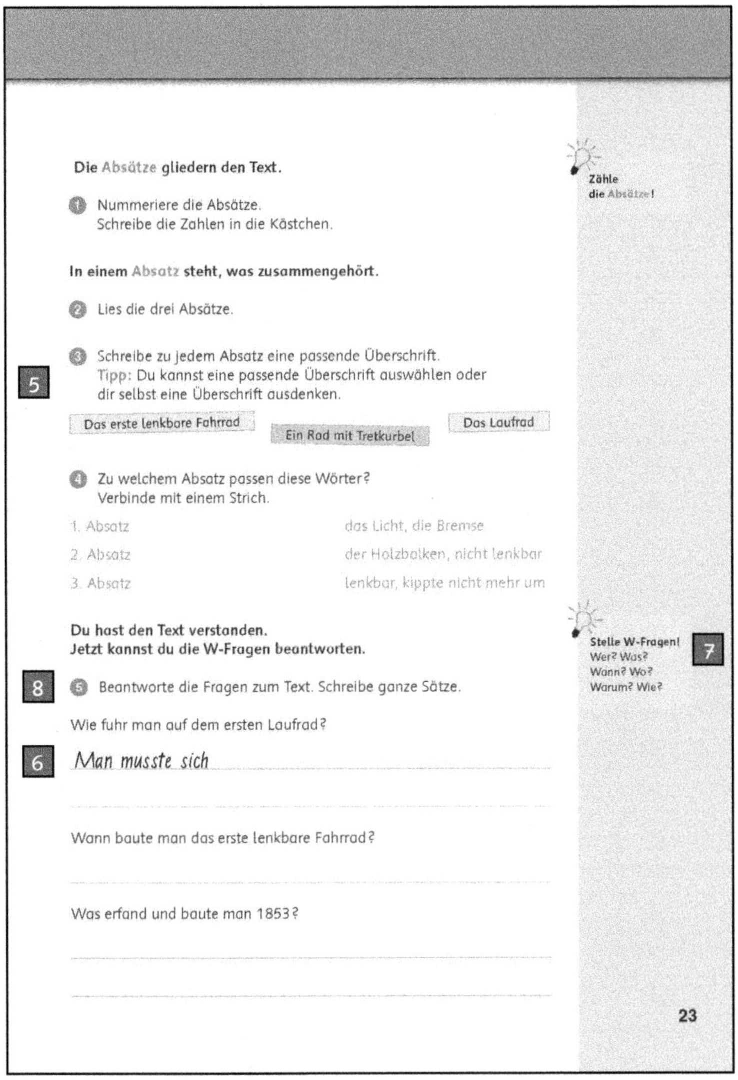

**Die Absätze gliedern den Text.**

1. Nummeriere die Absätze.
Schreibe die Zahlen in die Kästchen.

Zähle die Absätze!

**In einem Absatz steht, was zusammengehört.**

2. Lies die drei Absätze.

5 3. Schreibe zu jedem Absatz eine passende Überschrift.
Tipp: Du kannst eine passende Überschrift auswählen oder dir selbst eine Überschrift ausdenken.

Das erste lenkbare Fahrrad | Ein Rad mit Tretkurbel | Das Laufrad

4. Zu welchem Absatz passen diese Wörter?
Verbinde mit einem Strich.

1. Absatz — das Licht, die Bremse
2. Absatz — der Holzbalken, nicht lenkbar
3. Absatz — lenkbar, kippte nicht mehr um

**Du hast den Text verstanden.**
**Jetzt kannst du die W-Fragen beantworten.**

Stelle W-Fragen! Wer? Was? Wann? Wo? Warum? Wie? 7

8 5. Beantworte die Fragen zum Text. Schreibe ganze Sätze.

Wie fuhr man auf dem ersten Laufrad?

6 *Man musste sich*

Wann baute man das erste lenkbare Fahrrad?

Was erfand und baute man 1853?

23

5 **Tipps** geben den Schülerinnen und Schülern eine **zusätzliche Information und Arbeitsanweisung**.

6 **Starthilfen** geben den Schülerinnen und Schülern eine Vorlage, die ihnen zeigt, wie die Aufgabe zu lösen ist. Starthilfen können Satzanfänge oder ganze Sätze sein.

7 In der farbig unterlegten **Randspalte** finden sich drei Gestaltungselemente:

- Strategien – hier schwerpunktmäßig Textknackerstrategien – machen den Schülerinnen und Schülern ihr Tun immer wieder bewusst und fördern so ihre Methodenkompetenz.
- **Wörterlisten** enthalten Wortmaterial (Wörter oder Wortgruppen), das die Schülerinnen und Schüler für die daneben stehende Übung benötigen.
- **Schreibzeilen** ermöglichen das Notieren von Stichworten.

8 Die Schülerinnen und Schüler lernen anhand unterschiedlicher Aufgaben, sich einen Text inhaltlich zu erschließen und zu sichern. Sie sollen beispielsweise **Schlüsselwörter markieren**, Stichworte aufschreiben, bei **Multiple-Choice-Aufgaben** die richtigen Antworten erkennen oder **W-Fragen** zum Textinhalt beantworten.

**Lückensätze** oder -texte kontextualisieren die Lernwörter aus der Wörterliste. Soll ein Text ins Heft abgeschrieben werden, so steht neben der Aufgabenstellung ein entsprechendes Piktogramm.

Am Ende aller Einheiten stehen **Extraportionen als vertiefende Übungen**. Sie greifen das Thema der Einheit noch einmal auf und geben den Schülerinnen und Schülern die Möglichkeit, das in dieser Einheit Gelernte mit ihren allgemeinen (Sprach-)Kenntnissen produktiv zu verbinden.

# Erläuterungen

Das Heft ***Grammatik*** setzt Schwerpunkte, die erfahrungsgemäß häufige Fehlerquellen sind. Gezielt werden daher diese Bereiche geübt:

**Schwerpunkte**

- die Stellung des Verbs im Satz,
- die Bildung der Zeitformen bei regelmäßigen und unregelmäßigen Verben,
- die Verwendung von Präpositionen im Satz,
- das Erkennen und Benennen von Satzgliedern,
- das Erkennen und Verknüpfen von Haupt- und Nebensätzen.

## Begründungskontext

**Verben: zentrale Bedeutung in der deutschen Sprache**

Die **Verben** haben in der deutschen Sprache eine zentrale Bedeutung: An ihnen erkennt man Person, Numerus, Tempus, Genus verbi sowie Modus. Darüber hinaus bestimmen Verben durch ihre Valenz die Ausdehnung des Satzes: Sie geben vor, welche Verbergänzungen obligatorisch und welche fakultativ sind. (Zum Beispiel erfordert das Verb lachen nur die Nominativergänzung: Ich lache, während das Verb geben eine Nominativ-, eine Dativ- und eine Akkusativergänzung verlangt: *Ich gebe meiner Freundin das Geld.*)

**Präpositionen:** wichtig für sinnverstehendes Lesen und differenziertes Schreiben

**Präpositionen** gehören zu den nicht flektierbaren Nebenwortarten. Sie sind insbesondere für Nicht-Muttersprachler häufig schwierig zu verwenden, da sie in jeder Sprache anders gebraucht werden. Hinzu kommt, dass Präpositionen im Satzzusammenhang immer einen bestimmten Kasus nach sich ziehen. Aus diesem Grund spielen die Präpositionen in diesem Heft – neben den Verben – eine besondere Rolle.

**Strukturen deutscher Sätze**

Um Sätze verstehen und flüssige Texte produzieren zu können, sind Kenntnisse über die **Strukturen deutscher Sätze** erforderlich. Aus diesem Grund werden in dem Heft Haupt- und Nebensätze geübt. Außerdem werden die Satzglieder behandelt.

## Zielgruppe

**DaZ-Schülerinnen und -Schüler**

Die Formen und der Gebrauch der Verben im Deutschen stellen – vor allem für **Schülerinnen und Schüler nicht-deutscher Herkunft** – große Schwierigkeiten dar: Es gibt zahlreiche, häufig benutzte unregelmäßige Formen. Die Hilfsverben haben und sein, trennbare Verben, Modalverben und die Syntax der Verben (Satzklammer im Hauptsatz mit der Zweitstellung des konjugierten Verbs und der Endstellung von Partizip II, Infinitiv oder Präfix der trennbaren Verben) sind Erscheinungen, die andere Sprachen in dieser Form nicht aufweisen. Was die Wortarten Präpositionen, Konjunktionen und Adverbien anbelangt, zeigen Erfahrungen der letzten Jahre, dass Schülerinnen und Schüler mit Migrationshintergrund, aber **auch zunehmend Kinder bzw. Jugendliche mit deutscher Muttersprache** Schwierigkeiten bei der Verwendung dieser Wortarten haben. Sie gebrauchen die Wörter oft nicht nur syntaktisch, sondern auch in ihrem Bedeutungskontext falsch.

## Heftaufbau

Jedes Kapitel beginnt mit einem Text, der typisch für das jeweilige grammatische Phänomen ist. Erst nach der inhaltlichen Sicherung des Textes wird das grammatische Phänomen erklärt und geübt. Den Texten liegt ein altersgemäßer **Grundwortschatz** zu Grunde. Viele der Doppelseiten bilden eine Einheit und können unabhängig von den anderen bearbeitet werden.

**Grundwortschatz**

## Die Inhalte im Einzelnen

Die Kenntnis der **Verbstellung im Satz** ist eine wichtige Voraussetzung für die Identifikation von Haupt- und Nebensätzen.

**Verbstellung im Satz**

**Trennbare Verben** sind eine Besonderheit der deutschen Sprache. Neben dem Trennen der Verben bei der Sprachproduktion ist vor allem auch das Erkennen von Verben bzw. Infinitiven bei der Sprachrezeption ein Problem. Verschärft wird dieses Problem, da durch die Syntaxregel (Zweitstellung des einen Verbteils, Endstellung des Präfixes) bei langen Sätzen beide Verbteile sehr weit voneinander entfernt stehen: *„Ich **rufe** dich morgen Nachmittag noch einmal **an**."* Aus diesem Grund werden in dem Kapitel die beiden Verbteile durch visuelle Elemente hervorgehoben.

**trennbare Verben:** Visualisierung der Verbteile

Der Schwerpunkt des Kapitels **Präsens** liegt auf der Bewusstmachung und dem Üben der regelmäßigen und unregelmäßigen Formen. Das Präsens wird im Deutschen zur Benennung des aktuellen Geschehens *(Er schläft gerade.)* verwendet. Außerdem bezeichnet es generelle oder zeitlose Ereignisse *(Er heißt Jan.)* und kann zur Bezeichnung eines zukünftigen Geschehens benutzt werden *(Morgen fährt er nach Hause.)*.

**Präsens:** regelmäßige und unregelmäßige Formen

Das **Perfekt** birgt in mehrfacher Hinsicht Schwierigkeiten: Der Lerner muss regelmäßige und unregelmäßige Formen des Partizips II lernen, die Bildung des Perfekts mit *haben* oder *sein* unterscheiden sowie die Syntax (Zweitstellung des Hilfsverbs, Endstellung des Partizips II) beherrschen. Als Texte wurden überwiegend Dialoge gewählt, um den Gebrauch des Perfekts als mündliche Vergangenheitsform herauszustellen. Aus Gründen der Vereinfachung wurde der Terminus Partizip II durch Partizip ersetzt.

**Perfekt:** mündliche Vergangenheitsform – Dialoge als Textmaterial

Das **Präteritum** ist das übliche Tempus in geschriebenen erzählenden oder berichtenden Texten (z.B. in Märchen, Geschichten, Zeitungsberichten). Vor allem im mündlichen Sprachgebrauch wird das Präteritum mehr und mehr durch das Perfekt ersetzt. Eine besondere Schwierigkeit bei der Formenbildung und Verwendung des Präteritums stellen die unregelmäßigen Verben dar.

**Präteritum:** schriftliche Vergangenheitsform

**Präpositionen** sind vor allem für Kinder mit Migrationshintergrund schwierig zu erlernen: Indem Präpositionen immer einen Kasus nach sich ziehen, beziehen sie sich direkt auf das schwierige deutsche Kasussystem. Häufig verwendete Präpositionen wie *in*, *auf*, *neben* und *unter* können als Wechselpräpositionen sowohl den Akkusativ als auch den Dativ nach sich ziehen – je nachdem, ob

**Präpositionen:** Schwierigkeit durch Bezug auf das deutsche Kasussystem

eher das prozesshafte Tun *(Ich hänge die Hose in den Schrank.)* oder die statische Position *(Die Hose hängt in dem Schrank.)* betont werden soll. Viele Präpositionen können mit dem nachfolgenden Artikel zu einem neuen „gemeinsamen Wort" verschmelzen: *zu + dem* → *zum*.
Auf die Behandlung von Präpositionen, auf welche der Genitiv folgt, wird bewusst verzichtet, da sie nur selten vorkommen.

Es ist zu empfehlen, die einzelnen Seiten mit einem gewissen zeitlichen Abstand zueinander im Unterricht zu behandeln. Da die angesprochenen grammatischen Phänomene sehr ähnlich sind, besteht vor allem für schwächere Schülerinnen und Schüler ansonsten die Gefahr, z.B. Dativ- und Akkusativverwendung zu verwechseln.

**Hauptsätze**

Im Deutschen sind **Hauptsätze** durch die Verbzweitstellung gekennzeichnet. Dies kann besonders für DaZ-Lerner Schwierigkeiten darstellen. Hauptsätze können durch Konjunktionen miteinander verbunden werden. Die Schülerinnen und Schüler lernen diese Konjunktionen kennen und lernen, Hauptsätze mit Hilfe von Konjunktionen zu verbinden.

**Nebensätze**

In deutschen **Nebensätzen** steht das finite Verb an letzter Stelle. Dies kann für DaZ-Lerner eine Fehlerquelle darstellen. In der Regel werden Nebensätze durch Konjunktionen oder Relativpronomen eingeleitet. Die Schüler lernen die Einleitung von Nebensätzen durch Konjunktionen und Relativpronomen kennen und Hauptsätze mit Nebensätzen zu Satzgefügen zu verknüpfen.

**dass-Sätze**

**Dass-Sätze** sind im Deutschen sehr häufig. Die Schüler lernen, nach welchen Verben besonders häufig ein dass-Satz folgt, und verknüpfen Hauptsätze mit dass-Sätzen zu Satzgefügen. Sie lernen, selbst dass-Sätze zu verfassen.

**Relativsätze**

**Relativsätze** werden mit Relativpronomen eingeleitet und beziehen sich auf den gesamten Hauptsatz oder auf eines seiner Satzglieder. Da Relativsätze im Genitiv selten vorkommen, werden sie hier nur im Nominativ, im Akkusativ und im Dativ thematisiert. Wie auch bei den anderen Nebensätzen gilt in Relativsätzen ebenfalls die Verbletztstellung.

**Satzglieder**

**Satzglieder** bilden einen Satz. Sie können aus einem oder aus mehreren Wörtern bestehen. Die Schüler lernen, die Satzglieder zu erkennen und zu unterscheiden. Sie erkennen ihre Funktion und verändern Sätze durch die Anwendung von Ersatz- und Umstellprobe.
Das Erkennen von Satzgliedern ist vor allem für DaZ-Schüler von Bedeutung, da sich das Satzglied häufig auf den Kasus auswirkt. Die Schülerinnen und Schüler lernen, Satzglieder zu erkennen, und ergänzen außerdem Subjekte, Akkusativobjekte, Dativobjekte und adverbiale Bestimmungen.

## Erläuterungen

### Lernziele

**Lernziele**

Folgende Lernziele werden mit dem Einsatz des Arbeitsheftes *Grammatik* verfolgt:

- die Verbstellung im Aussage- und im Fragesatz berücksichtigen,
- die Zeitformen der Verben richtig bilden und verwenden,
- trennbare Verben im Satz verwenden,
- die Funktion von Modalverben wiederholen und deren Anwendung üben,
- Präpositionen im Satz richtig verwenden,
- Satzglieder mit Hilfe von Ersatz- und Umstellprobe erkennen,
- adverbiale Bestimmungen kennen und verwenden,
- Haupt- und Nebensätze unterscheiden,
- Haupt- und Nebensätze anhand der Stellung des finiten Verbs und mit Hilfe von Einleitungswörtern (Konjunktionen, Relativpronomen) erkennen,
- Hauptsätze in Satzreihen verbinden,
- Haupt- und Nebensätze in Satzgefügen verbinden,
- dass-Sätze richtig verwenden,
- Relativsätze im Nominativ, Akkusativ und Dativ verfassen.

### Methoden

**Bewusstmachen des Lernprozesses**

Das **Bewusstmachen des Lernprozesses** ist durchgängiges Prinzip und wird unterstützt durch **Regeln**, **Lernstrategien** und **optische Signale**. Hierzu zählen sowohl **Layout-Elemente** (z.B. die entsprechende Gestaltung bei der Verbklammer) als auch die wiederholten Aufforderungen, Phänomene zu markieren und damit hervorzuheben. Als methodisches Vorgehen wird der Dreischritt **isolieren – üben – anwenden** konsequent umgesetzt. Das jeweilige Phänomen wird zunächst aus dem dargebotenen Textmaterial isoliert und anschließend gezielt und systematisch geübt. Dies geschieht beispielsweise durch das Bilden der Verbformen oder das Zuordnen passender Formen *(ich kaufe ein – einkaufen)*. In diesem Zusammenhang wird auch die Bedeutung des Wortmaterials geklärt. Schließlich wird das jeweilige Phänomen im Satzzusammenhang angewendet. Diese Kontextualisierung erfolgt zum Beispiel durch Lückentexte, Satzschalttafeln oder mit Hilfe von Wortgruppen, die Schreibanregungen bieten.

**Dreischritt: isolieren – üben – anwenden**

## Seitenaufbau

**1** In der **Kopfleiste** erscheint die Bezeichnung des auf der (Doppel-) Seite thematisierten Phänomens und der jeweils thematisierten Fragestellung.

**2** Zunächst wird **Material als Text- oder Bild-Text-Kombination** vorgegeben. Dieses ist so angelegt, dass die Schülerinnen und Schüler das jeweils thematisierte **Phänomen in einem funktionalen Zusammenhang** isolieren können. Es stellt also das neue Wortmaterial bereit. Die Bild-Text-Kombination stützt die Semantisierung.

**3** **Grammatische Regeln und Merkwissen** werden als Vor- oder Zwischenspann deutlich präsentiert.

**4** Im Anschluss an den Text folgen Aufgaben zur Identifikation des Phänomens und die Schülerinnen und Schüler setzen sich mit dem Textinhalt auseinander (**Fragen zum Textverständnis**).

**5** Die zunächst im funktionalen Zusammenhang erarbeiteten und semantisch erschlossenen Wörter bzw. Wortformen werden durch Aufschreiben **isoliert und gesichert**.

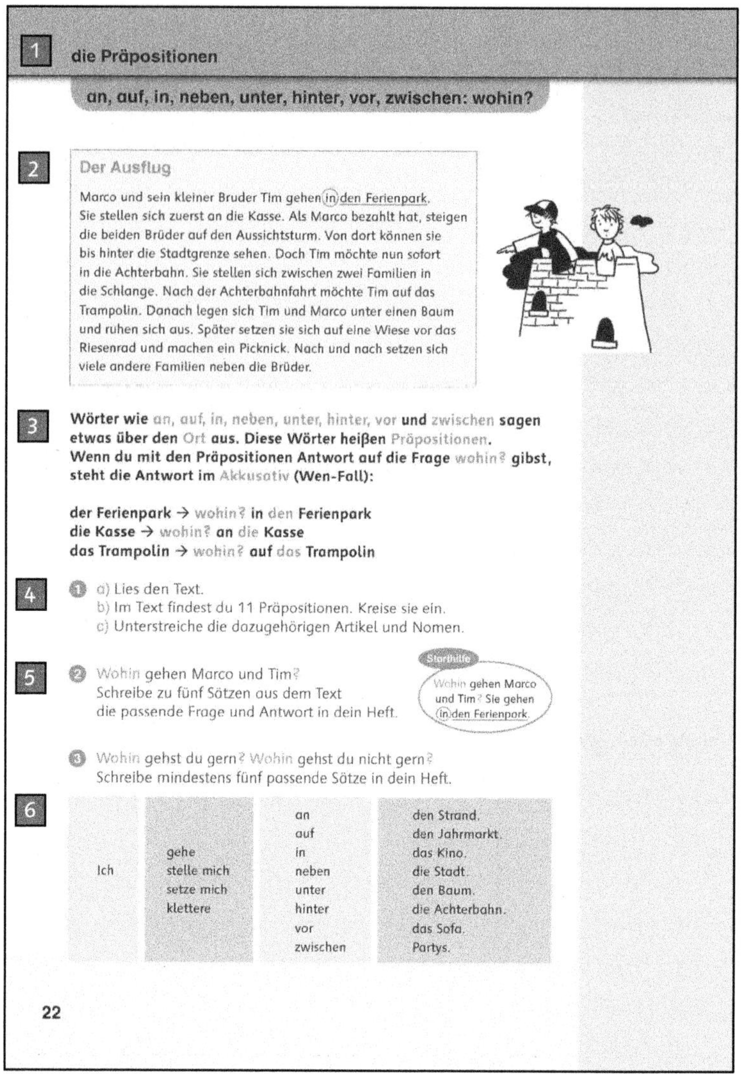
1 die Präpositionen

an, auf, in, neben, unter, hinter, vor, zwischen: wohin?

2 Der Ausflug

Marco und sein kleiner Bruder Tim gehen in den Ferienpark. Sie stellen sich zuerst an die Kasse. Als Marco bezahlt hat, steigen die beiden Brüder auf den Aussichtsturm. Von dort können sie bis hinter die Stadtgrenze sehen. Doch Tim möchte nun sofort in die Achterbahn. Sie stellen sich zwischen zwei Familien in die Schlange. Nach der Achterbahnfahrt möchte Tim auf das Trampolin. Danach legen sich Tim und Marco unter einen Baum und ruhen sich aus. Später setzen sie sich auf eine Wiese vor das Riesenrad und machen ein Picknick. Nach und nach setzen sich viele andere Familien neben die Brüder.

3 **Wörter wie an, auf, in, neben, unter, hinter, vor und zwischen sagen etwas über den Ort aus. Diese Wörter heißen Präpositionen. Wenn du mit den Präpositionen Antwort auf die Frage wohin? gibst, steht die Antwort im Akkusativ (Wen-Fall):**

**der Ferienpark → wohin? in den Ferienpark**
**die Kasse → wohin? an die Kasse**
**das Trampolin → wohin? auf das Trampolin**

4 ❶ a) Lies den Text.
b) Im Text findest du 11 Präpositionen. Kreise sie ein.
c) Unterstreiche die dazugehörigen Artikel und Nomen.

5 ❷ Wohin gehen Marco und Tim?
Schreibe zu fünf Sätzen aus dem Text die passende Frage und Antwort in dein Heft.

Starthilfe: Wohin gehen Marco und Tim? Sie gehen in den Ferienpark.

❸ Wohin gehst du gern? Wohin gehst du nicht gern?
Schreibe mindestens fünf passende Sätze in dein Heft.

6

| | | | |
|---|---|---|---|
| Ich | gehe<br>stelle mich<br>setze mich<br>klettere | an<br>auf<br>in<br>neben<br>unter<br>hinter<br>vor<br>zwischen | den Strand.<br>den Jahrmarkt.<br>das Kino.<br>die Stadt.<br>den Baum.<br>die Achterbahn.<br>das Sofa.<br>Partys. |

22

**6** Vor allem im Hinblick auf DaZ-Schülerinnen und -Schüler wird häufig mit **Satzschalttafeln** gearbeitet. Diese fördern die Sicherheit im Umgang mit dem neuen Wortmaterial auf der Satzebene.

Neue **grammatische Fachbegriffe und Lernstrategien** werden in der Randspalte benannt und deutlich hervorgehoben. Sie werden zudem, wenn erforderlich, durch ein Beispiel verdeutlicht. In den Randspalten erscheinen auch Tipps zu den neu erschlossenen Wortarten.
Diese beziehen sich in der Regel auf die Schreibweise des neuen Wortmaterials oder auf dessen Gebrauch im Satzzusammenhang.

## Seitenaufbau

10 an, auf, in, neben, unter, hinter, vor, zwischen

**an, auf, in, neben, unter, hinter, vor, zwischen: wo?**

**Am Abend**

Marco und Tim hatten einen schönen Tag in dem Ferienpark. Abends kommen sie müde zurück. Der Vater wartet in der Küche auf sie. Das Essen steht schon auf dem Tisch. Als alle zusammen gegessen haben und die Jungen schon in ihren Betten sind, will der Vater noch aufräumen. Doch die Schuhe der Jungen stehen neben der Tür.
Ihre Jacken hängen an der Garderobe und die Taschen hängen ordentlich neben den Jacken.
Der Schlüssel liegt auf der Kommode.
Hinter dem Spiegel klemmt ein Zettel.
Auf dem Zettel steht: „Vor der Tür wartet eine Überraschung!"
Als Marcos Vater die Tür öffnet, steht zwischen zwei Kisten eine riesige Packung mit Popcorn.

8 Starthilfe: Wo wartet der Vater? Der Vater wartet in der Küche.

7 1 a) Lies den Text.
b) Im Text findest du 12 Präpositionen. Kreise sie ein.
c) Unterstreiche die dazugehörigen Nomen + Artikel.

2 Schreibe zu fünf Sätzen eine Frage und die Antwort in dein Heft.

**Wenn du mit den Präpositionen an, auf, in, neben, unter, hinter, vor und zwischen Antwort auf die Frage wo? gibst, steht die Antwort im Dativ (Wem-Fall):**

**der Ferienpark → wo? in dem Ferienpark**

3 Wo befindet sich was?
Schreibe vier passende Sätze zu den Angaben in der Randspalte auf.

8 *Die leeren Flaschen stehen im Keller.*

9 ABC
die Hosen
die Sonnenmilch
die leeren Flaschen
die Sonnenbrillen
die Hausschuhe
...
im Keller
auf dem Stuhl
im Regal
im Badezimmer
hinter der Tür
...

23

7 Das Einkreisen, Unterstreichen und Nachzeichnen sind **optische und haptische Hilfen** zur Sicherung des Verständnisses von Text und Bild.

8 **Starthilfen** sind ebenfalls Teil des Hilfesystems, das die Schülerinnen und Schüler durch die Arbeitshefte begleitet. Sie erleichtern den Einstieg in die Bearbeitung der Aufgaben, indem **Satzanfänge oder ganze Sätze** vorgegeben sind.

9 **Lösungshilfen** werden in den Randspalten vorgegeben. Indem das benötigte Wortmaterial bereitgestellt wird, erfahren vor allem auch DaZ-Schülerinnen und -Schüler eine entsprechende Hilfestellung.

10 In der **Kopfzeile** findet sich eine Auswahl der auf dieser Seite verwendeten **Wörter aus dem Grundwortschatz.** Sie bieten Möglichkeiten zum differenzierenden Üben. (Anregungen hierzu: siehe Seite 27).

**Vertiefende Übungen** und Extraportionen bieten Zusatzmaterialien und Zusatzaufgaben höheren Schwierigkeitsgrades. Sie sind so angelegt, dass die Schülerinnen und Schüler das neue Wortmaterial in komplexeren Situationen benutzen müssen.

## Begründungskontext

Die Wurzeln gws-orientierten Arbeitens liegen im Fremdsprachenunterricht, aber auch im Deutschunterricht der Grundschule. Die durch den PISA-Prozess maßgeblich beeinflussten neuen Bildungsstandards richten den Blick auch und gerade in der Sekundarstufe I (wieder) verstärkt auf grundwortschatz-orientiertes Arbeiten. Ein **begrenztes Inventar an Wörtern** wird durch vielfache Begegnung im Unterricht so vertraut, dass es als Modellinventar die Schülerinnen und Schüler befähigt, **häufig vorkommende Wörter** richtig zu schreiben und vielfältige Transferleistungen selbstständig vorzunehmen.

**Grundwortschatz: häufig vorkommende Wörter**

Der Grundwortschatz bietet in besonderer Weise die Möglichkeit, das selbstständige Lernen der einzelnen Schülerinnen und Schüler unterstützend zu begleiten. Ein derartiger Grundwortschatz sollte vielfältig erschlossen und gegliedert sein, um von einem entwicklungsorientierten Verständnis von (Recht-)Schreiben die Schülerinnen und Schüler in ihrem eigenen und individuell verschiedenen Lernprozess zu unterstützen.

Der vorliegende Grundwortschatz ist deshalb (im Anschluss an die **alphabetische Sortierung**) in die einzelnen **Wortarten** gegliedert, beginnend mit den Hauptwortarten. Bei den Verben sind die stammlautverändernden starken Verben separat ausgewiesen. Der Grundwortschatz enthält insgesamt 1021 Wörter. Darunter sind auch 36 flektierte Wortformen, die besonders häufig falsch geschrieben werden.

**insgesamt 1021 Wörter**

Die Wörter sind wie folgt auf die einzelnen Wortarten aufgeteilt:

| Wortart | Anzahl |
|---|---|
| Nomen | 386 |
| Adjektive | 149 |
| Verben | 266 |
| Adverbien | 98 |

| Wortart | Anzahl |
|---|---|
| Artikel | 7 |
| Konjunktionen | 21 |
| Numeralien | 17 |
| Partikeln | 6 |

| Wortart | Anzahl |
|---|---|
| Präpositionen | 37 |
| Pronomen | 34 |

Ein weiteres Ordnungskriterium für den Grundwortschatz sind **Sachgruppen**. Da das Lernen von Wörtern leichter in Beziehungsgeflechten erfolgt, sind 70 % der verwendeten Wörter in Sachgruppen gegliedert.

**verschiedene Ordnungskriterien**

| Sachgebiet | Anzahl |
|---|---|
| Gefühl, Sinneswahrnehmung | 87 |
| Zeitangabe | 78 |
| Raum-, Lageangabe | 66 |
| Zahl, Mengenangabe | 48 |
| Natur | 44 |
| Essen, Trinken | 43 |
| äußere Erscheinung | 36 |
| Haus, Wohnung | 36 |
| Körper | 33 |
| Verkehr | 33 |
| Bildung | 28 |

| Sachgebiet | Anzahl |
|---|---|
| Geselligkeit | 24 |
| Gesundheit, Krankheit, Körperpflege | 23 |
| Spiel, Sport | 22 |
| Geist, Verstand, Charakter | 21 |
| Technik | 18 |
| Familie, Verwandte, Bekannte | 17 |
| Kleidung, Schmuck | 17 |
| Wetter, Klima | 13 |
| Gesellschaft | 12 |
| Kommunikation | 12 |
| Religion | 6 |

Darüber hinaus ist der Grundwortschatz sortiert nach **rechtschriftlichen Einzelphänomenen**. Speziell für lernschwache Schülerinnen und Schüler, aber auch Schülerinnen und Schüler nicht-deutscher Herkunftssprache ist die gesonderte Auszeichnung lautgetreuer Wörter für basale Übungen wichtig.
Eine notwendige Voraussetzung, um in der Rechtschreibung sicherer zu werden, ist der Einblick in die und das Verständnis von den grundlegenden morphematischen Gesetzmäßigkeiten unserer Sprache. Daher wird der Grundwortschatz auch nach **morphematischen Einzelphämomenen** sortiert angeboten.

## Zur Lehrperspektive

**methodisches Werkzeug**

Es gibt nicht den einen GWS. Vielmehr ist ein **GWS ein methodisches Werkzeug**, angepasst an die spezifischen Bedürfnisse der jeweiligen Klasse bzw. Lerngruppe. Deshalb müssen sich Lehrende vor dem Einsatz eines GWS über dessen Begründungskontext klar werden: Was macht einen letztlich beliebigen Wortschatz zu einem ‚Grund'wortschatz? Welche Bedingungen muss er erfüllen? Exemplarisch seien genannt:

**Kriterien für den Grundwortschatz**

- **Vorkommenshäufigkeit**: Der Wortschatz enthält ausreichend Wörter aus dem altersangemessenen Schreibwortschatz der Schülerinnen und Schüler.
- **Modellinventar**: Die Wortauswahl ist so angelegt, dass sie die Lernenden anregt, begründete Vermutungen über die richtige Schreibung bislang unbekannter Wörter anzustellen.
- **Ausnahmeinventar**: Die Wortauswahl enthält fehlerträchtige Ausnahmewörter wie „Tiger" oder „nämlich", die wortspezifisch eingeprägt werden müssen.
- **Flektierte Wortformen**: Der Wortschatz enthält Wörter, die in der Grundform unproblematisch zu schreiben, in der flektierten Form aber fehlerträchtig sind.
- **Nebenwortarten**: Auch fehlerträchtige Strukturwörter wie „ihm", „dir" oder „dass" sind enthalten.
- **Sachgebietsgliederung**: Die Wörter sind nicht nur alphabetisch bzw. nach Wortarten geordnet, sondern (auch) in Sachgebiete gegliedert. Aus dem Fremdsprachenunterricht weiß man, dass sich Wörter in Beziehungsgeflechten vernetzt besser einprägen, als wenn sie lediglich additiv vermittelt werden.

**GWS als Modellwortschatz**

Ein GWS stellt demnach eine Art Steinbruch für Lehrerinnen und Lehrer dar. Sie können sich an dem immer gleichen Wortmaterial für unterschiedlichste Unterrichtszwecke bedienen und stellen dadurch sicher, dass sich der GWS nach und nach bei den Schülerinnen und Schülern als **Modellwortschatz** einschleift. Dieser Modellcharakter bietet insbesondere Jugendlichen mit Migrationshintergrund ein hervorragendes Trainingsfeld. Dabei ist es nur ein scheinbarer Widerspruch, dass ein GWS nicht abgeschlossen und fertig definiert sein darf, sondern offen sein muss, für klassenspezifische und individuelle

Ergänzungen inhaltlicher, aber auch morphematischer bzw. orthografischer Art.
Der vorliegende Grundwortschatz korreliert mit veröffentlichten (Grund-) Wortschätzen der wissenschaftlichen Literatur. Gleichzeitig wird sichergestellt, dass er einen hohen Deckungsgrad mit Aufsätzen und Diktaten von Schülerinnen und Schülern der fünften und sechsten Klasse der Hauptschulen aufweist.

## Zur Lernperspektive

Dem Gedanken folgend, dass Lernen immer individuell und persönlich ist, muss auch die Arbeit mit einem GWS an den individuellen Lernbedürfnissen der Schülerinnen und Schüler ausgerichtet sein. Wolfgang Menzel[1] hat vielfältige Wege aufgezeigt, wie Schülerinnen und Schüler durch selbstständiges Ausprobieren, Sortieren, Ordnen und Vergleichen in der Anbahnung eines eigenaktiven Regelbildungsprozesses unterstützt und angeleitet werden können. Eine GWS-orientierte Wortauswahl stützt diesen Ansatz in besonderer Weise.

**Einbettung in funktionalen Grammatik- und Rechtschreib-unterricht**

Von zentraler didaktischer Bedeutung erscheint die Einbettung eines GWS in einen funktionalen Grammatik- und (Recht-)Schreibunterricht. Dies kann u.a. gefördert werden

- durch die Verbindung des GWS mit der individuellen Fehlerkartei der Schülerinnen und Schüler.
- durch die Herstellung eines kontextualisierten (ganze Sätze) und individualisierten GWS-Lexikons der Schülerinnen und Schüler,
- durch spezifische Unterstützungsmaßnahmen für Kinder nicht-deutscher Familiensprache, wie zum Beispiel die Bezeichnung der Kürze oder Länge des betonten Vokals.

Die Arbeitshefte der Reihe „Gezielt fördern" arbeiten bewusst GWS-orientiert. In den Heften Rechtschreiben und Grammatik sind zudem ausgewählte Wörter aus dem GWS in der rechten Ecke der Kopfleiste abgedruckt. Zu diesem Material können vielseitige (wortschatzbezogene) Aufgabenstellungen formuliert werden.

[1] Menzel, Wolfgang (1999): Grammatik-Werkstatt. Theorie und Praxis eines prozessorientierten Grammatikunterrichts für die Primar- und Sekundarstufe. Seelze-Velber: Kallmeyer.

## Übungsanregungen

**1** Wörterdiktat
a) Diktiere einem Partner / einer Partnerin die Wörter.
b) Kontrolliert gemeinsam, ob alle Wörter richtig geschrieben sind.
c) Jetzt diktiert dir dein Partner / deine Partnerin die Wörter.

**2** Ordne die Wörter nach dem Alphabet.
Schreibe sie geordnet in dein Heft.

**3** Ist der Vokal lang oder kurz?
a) Zeichne eine Tabelle in dein Heft.
b) Trage die Wörter in die richtige Spalte ein.

Starthilfe

| langer Vokal | kurzer Vokal |
|---|---|
| der Ofen | ... |

**4** a) Zeichne eine Tabelle in dein Heft.
b) Trage die Nomen, die Verben und die Adjektive ein.

Starthilfe

| Nomen | Verben | Adjektive |
|---|---|---|
| die Birne | ... | ... |

**5** Suche zu einem Wort so viele Verwandte wie möglich.
**Tipp**: Das Wörterbuch hilft dir dabei.

Starthilfe **fahr**en, das Fahrrad, ...

**6** Finde Reimwörter.
Schreibe sie auf.

**7** a) Schreibe die Wörter in dein Heft ab.
b) Bilde mit jedem Wort einen Satz.
Schreibe ihn auf.

**8** Bilde mit den Wörtern Sätze.
Verwende dabei möglichst viele der Wörter in einem Satz.

**9** Finde alle Wörter mit mindestens drei Konsonanten in Folge.
Schreibe sie auf.

# Grundwortschatz

## Alphabetische Sortierung

**Hinweis:** Bei der alphabetischen Sortierung sind ein paar wenige Wörter mehrfach aufgezählt, da verschiedenen Wortarten zugehörig.

ab
der Abend
abends
aber
aber
acht
ähnlich
ähnlich
alle
allein
allein
alles
als
also
alt
am
am
die Ampel
an
andere
anders
anfangen
die Angst
ängstlich
ankommen
anrufen
ansehen
die Antwort
antworten
anziehen
der Apfel
der April
die Arbeit
arbeiten
der Ärger
ärgerlich
ärgern
der Arm
arm
der Arzt
der Ast
auch
auf
aufheben
aufhören
aufpassen
aufräumen
aufstehen
aufwachen
das Auge
Augenblick
aus
aussehen
außen
außer
außerdem
das Auto

das Baby
der Bach
backen
der Bäcker
baden
die Bahn
der Bahnhof
bald
der Ball
die Banane
die Bank
der Bauch
bauen
der Bauer
der Baum
beginnen
behalten
bei
beide
beim
das Bein
beinahe
das Beispiel
beißen
bekommen
bellen
belohnen
das Benzin
beobachten
bequem
bereits
der Berg
der Beruf
berühmt
der Bescheid
besonders
besser
bestellen
bestimmt
bestimmt
der Besuch
besuchen
das Bett
bevor
bewegen
bezahlen
biegen
das Bild
billig
bin
die Birne
bis
bisschen
bitten
das Blatt
blau
bleiben
blicken
blind
der Blitz
bloß
blühen
die Blume
das Blut
bluten
der Boden
bohren
das Boot
böse
boxen
brauchen
braun
brechen
breit
die Bremse
bremsen
brennen
der Brief
Brille
bringen
das Brot
die Brücke
der Bruder
das Buch
bunt
der Bus
die Butter

der Cent
der Clown
der Computer

da
dabei
das Dach
dafür
damit
damit
der Dampf
danach
danken
dann
daran
darauf
darin
darum
das
dass
dauern
davon
dazu
die Decke
dein
dem
den
denken
denn
der
des
deshalb
deutlich
deutsch
dich
dick
die
der Dienstag
dir
doch
dort
draußen
drehen
drei
drücken
du
dumm
dunkel
dünn
durch
dürfen
der Durst

eben
ebenso
ebenso
die Ecke
ehrlich
das Ei
eigentlich
ein
einer
einer
einfach
einfach
einige
einige
einkaufen
einmal
eins
einschlafen
einsteigen
das Eis
die Eisenbahn
die Eltern
das Ende
endlich
endlich
eng
entdecken
die Ente
die Entfernung
entgegen
entgegen
entwickeln
er
die Erde
das Ergebnis
erkennen
erklären
erlauben
erleben
das Erlebnis
erschrecken
erst
der/die/das
Erste
erwidern
erzählen
es
das Essen
essen
etwas
euch
euer
der Euro

die Fabrik
fahren
der Fahrer
das Fahrrad
die Fahrt
fährt
der Fall
fallen
fällt
falsch
die Familie
fangen
die Farbe
fassen
fast
fehlen
der Fehler
feiern
fein
das Feld
das Fenster
die Ferien
fernsehen
der Fernseher
fertig
das Fest
fest
das Fett
fett
das Feuer
fiel
finden
der Finger
der Fisch
die Flasche
das Fleisch
fleißig
fliegen
fließen
das Flugzeug
der Fluss
die Frage
fragen
die Frau
frei
der Freitag
fremd
fressen
die Freude
freuen
der Freund
die Freundin
freundlich
der Frieden
friedlich
frieren
frisch
froh
fröhlich
früh
der Frühling
das Frühstück
der Fuchs
fühlen
führen

# Grundwortschatz

## Alphabetische Sortierung

füllen
fünf
für
furchtbar
der Fuß
der Fußball
das Futter
füttern

ganz
die Garage
der Garten
der Gast
das Gebäude
geben
der Geburtstag
die Gefahr
gefährlich
gefallen
gegen
gehen
gehören
gelb
das Geld
das Gemüse
gemütlich
genau
genug
gerade
gern
das Geschäft
geschehen
das Geschenk
die Geschichte
geschieht
das Gesicht
gestern
gesund
gewinnen
das Gewitter
gibt
gießen
das Glas
glatt
glauben
gleich
das Glück
glücklich
der Gott
das Gras
grau
groß
größer
grün
die Gruppe
der Gruß
grüßen
gucken

gut

das Haar
haben
halb
der Hals
hält
halten
die Hand
das Handy
hängen
hart
der Hase
hat
das Haus
die Haut
heiß
heißen
heizen
die Heizung
helfen
hell
das Hemd
her
heraus
der Herbst
herein
der Herr
herum
herunter
das Herz
heute
hier
die Hilfe
der Himmel
hin
hinauf
hinaus
hinein
hinfallen
hinten
hinter
hinterher
die Hitze
hoch
der Hof
hoffen
hoffentlich
die Höhe
hohl
holen
das Holz
hören
die Hose
der Hund
hundert
der Hunger
hungrig

hüpfen
der Hut

ich
die Idee
ihm
ihn
ihnen
ihr
im
immer
in
innen
ins
interessant
das Interesse
interessieren
irgend
irgendwo
ist

ja
das Jahr
jeder
jemand
jetzt
der Juli
jung
der Junge
Juni

der Kaffee
kalt
kämmen
kann
kaputt
die Karte
die Kartoffel
die Kasse
die Katze
kaufen
kein
der Keller
kennen
das Kind
das Kino
die Kirche
die Kiste
klar
die Klasse
das Kleid
klein
klettern
klingeln
klopfen
klug
das Knie
der Knopf

kochen
der Koffer
die Kohle
komisch
kommen
der König
können
der Kopf
der Korb
der Körper
kosten
kräftig
krank
das Kranken-
haus
der Kreis
das Kreuz
die Kreuzung
kriechen
der Krieg
kriegen
die Küche
der Kuchen
die Kuh
kühl
die Kurve
kurz
küssen

lachen
das Land
lang
langsam
der Lärm
lassen
laufen
laut
das Leben
leben
leer
legen
der Lehrer
die Lehrerin
leicht
leise
lernen
lesen
letzte
leuchten
die Leute
das Licht
lieb
lieben
das Lied
liegen
ließ
links
das Loch

der Löffel
der Lohn
los
loslassen
die Luft
die Lust
lustig

machen
das Mädchen
mal
malen
die Mama
man
manchmal
der Mann
der Mantel
der März
die Maschine
das Maß
die Mauer
die Maus
das Meer
das Mehl
mehr
mein
meinen
meistens
der Mensch
merken
messen
das Messer
der Meter
mich
die Milch
die Minute
mir
mit
der Mittag
die Mitte
der Mittwoch
mögen
möglich
der Moment
der Monat
der Montag
der Morgen
morgen
morgens
der Motor
müde
der Mund
die Musik
müssen
der Mut
mutig
die Mutter
die Mütze

nach
der Nachbar
nachdem
nachher
der Nachmittag
nächste
die Nacht
nah
die Nähe
nähen
der Name
nämlich
die Nase
nass
natürlich
der Nebel
neben
nehmen
nein
nennen
das Nest
nett
neu
neugierig
neun
nicht
nichts
nie
niemals
niemand
nimmt
nirgends
noch
der November
die Nummer
nun
nur
die Nuss

ob
oben
das Obst
oder
offen
öffnen
oft
ohne
das Ohr
die Oma
der Onkel
der Opa
der Ort
Ostern

## Alphabetische Sortierung

das Paar
paar
packen
das Paket
das Papier
passen
passieren
die Pause
die Pfeife
das Pferd
die Pflanze
pflanzen
pflegen
pflücken
der Platz
plötzlich
die Polizei
der Polizist
die Post
der Preis
probieren
der Pullover
der Punkt
die Puppe
putzen

die Quelle

das Rad
raten
rauchen
der Raum
rechnen
rechts
der Regen
regnen
das Reh
reich
die Reihe
die Reise
reisen
reißen
reiten
rennen
der Rest
retten
richtig
riechen
der Ring
der Rock
rollen
rot
der Rücken
rufen
die Ruhe
ruhig
rühren
rund
rutschen

die Sache
der Sack
sagen
das Salz
sammeln
der Samstag
der Sand
der Satz
sauber
schaffen
scharf
schauen
scheinen
schenken
die Schere
schicken
schieben
schief
schießen
das Schiff
schimpfen
schlafen
schlagen
schlecht
schleichen
schließen
schließlich
schlimm
der Schlitten
das Schloss
der Schluss
der Schlüssel
schmecken
schmutzig
der Schnee
schneiden
schnell
schon
schön
der Schrank
der Schreck
schrecklich
schreiben
schreien
die Schrift
der Schuh
die Schuld
die Schule
der Schüler
die Schulter
schwach
der Schwanz
schwarz
das Schwein
schwer
die Schwester
schwierig
schwimmen
sechs
der See
sehen
sehr
sein
seit
die Seite
der Sessel
setzen
sich
sicher
sie
sieben
sieben
siegen
sieht
sind
singen
sitzen
so
sofort
sogar
der Sohn
sollen
der Sommer
sondern
die Sonne
der Sonntag
sonst
spannend
sparen
der Spaß
spät
der Spiegel
das Spiel
spielen
spitz
die Spitze
sprechen
springen
spritzen
die Stadt
der Stall
stark
der Staub
stecken
stehen
stehlen
steigen
der Stein
die Stelle
stellen
sterben
still
die Stimme
der Stock
der Stoff
stoßen
die Straße
der Strauß
der Streit
streiten
der Strom
der Strumpf
das Stück
der Stuhl
die Stunde
der Sturm
stürzen
suchen
süß

die Tafel
der Tag
die Tante
tanzen
die Tasche
die Tasse
tausend
der Tee
das Teil
teilen
das Telefon
der Teller
der Teppich
teuer
der Text
tief
das Tier
der Tisch
die Tochter
der Tod
tot
tragen
der Traum
träumen
traurig
treffen
treiben
die Treppe
treten
treu
trinken
trocken
trotzdem
tun
die Tür
turnen

üben
über
überall
überlegen
überqueren
übrig
die Uhr
um
umziehen
und
der Unfall
ungefähr
das Unglück
uns
unser
unten
unter
der Unterricht
untersuchen
der Urlaub

die Vase
der Vater
verbieten
verbinden
vergessen
verkaufen
der Verkehr
verlassen
verletzen
die Verletzung
verlieren
verschieden
verschwinden
verstecken
verstehen
versuchen
das Vieh
viel
vielleicht
vier
der Vogel
das Volk
voll
vom
von
vor
vorbei
die Vorfahrt
vorher
vorn
die Vorsicht
vorsichtig

wach
wachsen
der Wagen
die Wahl
wählen
wahr
während
die Wahrheit
der Wald
die Wand
wann
warm
die Wärme
warten
warum
was
waschen
das Wasser
wechseln
wecken
der Wecker
Weg
weg
wegen
wegnehmen
weich
Weihnachten
weil
die Weile
weinen
weiß
weiß
weit
weiter
weiter
weitergehen
welche
die Welt
wem
wenig
wenn
wer
werden
werfen
das Wetter
wichtig
wie
wieder
wiegen
die Wiese
will
der Wind
der Winter
wir
wird
wirklich
wirklich
das Wissen
wissen
der Witz
wo
die Woche

## Grundwortschatz

### Alphabetische Sortierung

wohl
wohnen
die Wohnung
die Wolke
wollen
das Wort
wünschen

die Wurst
wütend

die Zahl
zahlen
zählen
der Zahn

zehn
zeichnen
zeigen
die Zeit
die Zeitung
das Zelt
zerreißen

der Zettel
das Zeugnis
ziehen
das Ziel
ziemlich
das Zimmer
der Zoo

zu
zuerst
der Zug
zuletzt
zum
zumachen
zur

zusammen
zwei
zwischen
zwölf

## Sortierung nach Wortarten

### Nomen

der Abend
die Ampel
die Angst
die Antwort
der Apfel
der April
die Arbeit
der Ärger
der Arm
der Arzt
der Ast
das Auge
der Augenblick
das Auto
das Baby
der Bach
der Bäcker
die Bahn
der Bahnhof
der Ball
die Banane
die Bank
der Bauch
der Bauer
der Baum
das Bein
das Beispiel
das Benzin
der Berg
der Beruf
der Bescheid
der Besuch
das Bett
das Bild
die Birne
das Blatt
der Blitz
die Blume
das Blut
der Boden
das Boot
die Bremse
der Brief
die Brille
das Brot
die Brücke
der Bruder
das Buch
der Bus
die Butter
der Cent
der Clown
der Computer
das Dach
der Dampf
die Decke
der Dienstag
der Durst
die Ecke
das Ei
das Eis
die Eisenbahn
die Eltern
das Ende
die Ente
die Entfernung
die Erde
das Ergebnis
das Erlebnis
der/die/das Erste
das Essen
der Euro
die Fabrik
der Fahrer
das Fahrrad
die Fahrt
der Fall
die Familie
die Farbe
der Fehler
das Feld
das Fenster
die Ferien
der Fernseher
das Fest
das Fett
das Feuer
der Finger
der Fisch
die Flasche
das Fleisch
das Flugzeug
der Fluss
die Frage
die Frau
der Freitag
die Freude
der Freund
die Freundin
der Frieden
der Frühling
das Frühstück
der Fuchs
der Fuß
der Fußball
das Futter
die Garage
der Garten
der Gast
das Gebäude
der Geburtstag
die Gefahr
das Geld
das Gemüse
das Geschäft
das Geschenk
die Geschichte
das Gesicht
das Gewitter
das Glas
das Glück
der Gott
das Gras
die Gruppe
der Gruß
das Haar
der Hals
die Hand
das Handy
der Hase
das Haus
die Haut
die Heizung
das Hemd
der Herbst
der Herr
das Herz
die Hilfe
der Himmel
die Hitze
der Hof
die Höhe
das Holz
die Hose
der Hund
der Hunger
der Hut
die Idee
das Interesse
das Jahr
der Juli
der Junge
der Juni
der Kaffee
die Karte
die Kartoffel
die Kasse
die Katze
der Keller
das Kind
das Kino
die Kirche
die Kiste
die Klasse
das Kleid
das Knie
der Knopf
der Koffer
die Kohle
der König
der Kopf
der Korb
der Körper
das Kranken-haus
der Kreis
das Kreuz
die Kreuzung
der Krieg
die Küche
der Kuchen
die Kuh
die Kurve
das Land
der Lärm
das Leben
der Lehrer
die Lehrerin
die Leute
das Licht
das Lied
das Loch
der Löffel
der Lohn
die Luft
die Lust
das Mädchen
die Mama
der Mann
der Mantel
der März
die Maschine
das Maß
die Mauer
die Maus
das Meer
das Mehl
der Mensch
das Messer
der Meter
die Milch
die Minute
der Mittag
die Mitte
der Mittwoch
der Moment
der Monat
der Montag
der Morgen
der Motor
der Mund
die Musik
der Mut
die Mutter
die Mütze
der Nachbar
der Nachmittag
die Nacht
die Nähe
der Name
die Nase
der Nebel
das Nest
der November
die Nummer
die Nuss
das Obst
das Ohr
die Oma
der Opa
der Onkel
der Ort
Ostern
das Paar
das Paket
das Papier
die Pause
die Pfeife
das Pferd
die Pflanze
der Platz
die Polizei
der Polizist
die Post
der Preis
der Pullover
der Punkt
die Puppe
die Quelle
das Rad
der Raum
der Regen
das Reh
die Reihe
die Reise
der Rest
der Ring
der Rock
der Rücken
die Ruhe
die Sache
der Sack
das Salz
der Samstag
der Sand
der Satz
die Schere
das Schiff
der Schlitten
das Schloss
der Schluss
der Schlüssel
der Schnee
der Schrank
der Schreck
die Schrift
der Schuh
die Schuld
die Schule
die Schüler
die Schulter
der Schwanz
das Schwein
die Schwester
der See
die Seite
der Sessel
der Sohn
der Sommer
die Sonne
der Sonntag
der Spaß
der Spiegel
das Spiel
die Spitze
die Stadt
der Stall
der Staub
der Stein
die Stelle
die Stimme
der Stock
der Stoff
die Straße
der Strauß
der Streit
der Strom
der Strumpf
das Stück
der Stuhl
die Stunde
der Sturm
die Tafel
der Tag
die Tante
die Tasche
die Tasse
der Tee
das Teil
das Telefon
der Teller
der Teppich
der Text
das Tier
der Tisch

die Tochter
der Tod
der Traum
die Treppe
die Tür
die Uhr
der Unfall
das Unglück
der Unterricht
der Urlaub
die Vase
der Vater
der Verkehr
die Verletzung
das Vieh
der Vogel
das Volk
die Vorfahrt
die Vorsicht
der Wagen
die Wahl
die Wahrheit
der Wald
die Wand
die Wärme
das Wasser
der Wecker
der Weg
Weihnachten
die Weile
die Welt
das Wetter
die Wiese
der Wind
der Winter
das Wissen
der Witz
die Woche
die Wohnung
die Wolke
das Wort
die Wurst
die Zahl
der Zahn
die Zeit
die Zeitung
das Zelt
der Zettel
das Zeugnis
das Ziel
das Zimmer
der Zoo
der Zug

## Adjektive

ähnlich
alt
ängstlich
ärgerlich
arm
beide
bequem
berühmt
besser
bestimmt
billig
blau
blind
böse
braun
breit
bunt
deutlich
deutsch
dick
dumm
dunkel
dünn
eben
ehrlich
einfach
einige
endlich
eng
falsch
fein
fertig
fest
fett
fleißig
frei
fremd
freundlich
friedlich
frisch
froh
fröhlich
früh
furchtbar
ganz
gefährlich
gelb
gemütlich
genau
gerade
gesund
glatt
gleich
glücklich
grau
groß
größer
grün
gut
halb
hart
heiß
hell
hoch
hohl
hungrig
interessant
jung
kalt
kaputt
klar
klein
klug
komisch
kräftig
krank
kühl
kurz
lang
langsam
laut
leer
leicht
leise
letzte
lieb
lustig
mehr
möglich
müde
mutig
nächste
nah
nass
natürlich
nett
neu
neugierig
offen
plötzlich
reich
richtig
rot
ruhig
rund
sauber
scharf
schief
schlecht
schlimm
schmutzig
schnell
schön
schrecklich
schwach
schwarz
schwer
schwierig
sicher
spannend
spät
spitz
stark
still
süß
teuer
tief
tot
traurig
treu
trocken
übrig
ungefähr
verschieden
viel
voll
vorsichtig
wach
wahr
warm
weich
weiß
weit
weiter
wenig
wichtig
wirklich
wütend
ziemlich

## Verben ...

anfangen
ankommen
anrufen
ansehen
antworten
anziehen
arbeiten
ärgern
aufheben
aufhören
aufpassen
aufräumen
aufstehen
aufwachen
aussehen
backen
baden
bauen
beginnen
behalten
beißen
bekommen
bellen
belohnen
beobachten
bestellen
bestimmt
besuchen
bewegen
bezahlen
biegen
bin
bitten
bleiben
blicken
blühen
bluten
bohren
boxen
brauchen
brechen
bremsen
brennen
bringen
danken
dauern
denken
drehen
drücken
dürfen
einkaufen
einschlafen
einsteigen
entdecken
entwickeln
erkennen
erklären
erlauben
erleben
erschrecken
erwidern
erzählen
essen
fahren
fährt
fallen
fällt
fangen
fassen
fehlen
feiern
fernsehen
fiel
finden
fliegen
fließen
fragen
fressen
freuen
frieren
fühlen
führen
füllen
füttern

## Sortierung nach Wortarten

geben
gefallen
gehen
gehören
geschehen
geschieht
gewinnen
gibt
gießen
glauben
grüßen
gucken
haben
hält
halten
hängen
hat
heißen
heizen
helfen
hinfallen
hoffen
holen
hören
hüpfen
interessieren
ist
kämmen
kann
kaufen
kennen
klettern
klingeln
klopfen
kochen
kommen
können
kosten
kriechen
kriegen
küssen
lachen
lassen
laufen
leben
legen
lernen
lesen
leuchten
lieben
liegen
ließ
loslassen
machen
malen
meinen
merken
messen
mögen
müssen
nähen
nehmen
nennen
nimmt
öffnen
packen
passen
passieren
pflanzen
pflegen
pflücken
probieren
putzen
raten
rauchen
rechnen
regnen
reisen
reißen
reiten
rennen
retten
riechen
rollen
rufen
rühren
rutschen
sagen
sammeln
schaffen
schauen
scheinen
schenken
schicken
schieben
schießen
schimpfen
schlafen
schlagen
schleichen
schließen
schmecken
schneiden
schreiben
schreien
schwimmen
sehen
setzen
sieben
siegen
sieht
sind
singen
sitzen
sollen
sparen
spielen
sprechen
springen
spritzen
stecken
stehen
stehlen
steigen
stellen
sterben
stoßen
streiten
stürzen
suchen
tanzen
teilen
tragen
träumen
treffen
treiben
treten
trinken
tun
turnen
üben
überlegen
überqueren
umziehen
untersuchen
verbieten
verbinden
vergessen
verkaufen
verlassen
verletzen
verlieren
verschwinden
verstecken
verstehen
versuchen
wachsen
wählen
warten
waschen
wechseln
wecken
wegnehmen
weinen
weiß
weitergehen
werden
werfen
wiegen
will
wird
wissen
wohnen
wollen
wünschen
zahlen
zählen
zeichnen
zeigen
zerreißen
ziehen
zumachen

## ... davon lautverändernd

anfangen
ankommen
anrufen
ansehen
anziehen
aufheben
aufstehen
aussehen
beginnen
behalten
beißen
bekommen
biegen
bin
bitten
bleiben
brechen
brennen
bringen
denken
dürfen
einschlafen
einsteigen
erkennen
erschrecken
essen
fahren
fährt
fallen
fällt
fangen
fernsehen
fiel
finden
fliegen
fließen
fressen
frieren
geben
gefallen
gehen
geschehen
geschieht
gewinnen
gibt
gießen
hält
halten
hängen
heißen
helfen
hinfallen
ist
kann
kennen
kommen
können
kriechen
lassen
laufen
lesen
liegen
ließ
loslassen
messen
mögen
nehmen
nennen
nimmt
raten
reißen
reiten
rennen
riechen
rufen
scheinen
schieben
schießen
schlafen
schlagen
schleichen
schließen
schneiden
schreiben
schreien
schwimmen
sehen
sieht
sind
singen
sitzen
sprechen
springen
stehen
stehlen
steigen
sterben
stoßen
streiten
tragen
treffen
treiben
treten
trinken
tun
umziehen
verbieten
verbinden
vergessen
verlassen
verlieren
verschwinden
verstehen
wachsen
waschen
wegnehmen
weiß
weitergehen
werden
werfen
wiegen
will
wird
wissen
wollen
zerreißen
ziehen

# Grundwortschatz

## Sortierung nach Wortarten

### Adverbien

| | | | | | |
|---|---|---|---|---|---|
| abends | danach | entgegen | hinaus | nie | vorbei |
| aber | dann | erst | hinein | niemals | vorher |
| alle | daran | fast | hinten | nirgends | wann |
| allein | darauf | ganz | hinterher | nun | warum |
| also | darin | genug | hoffentlich | nur | weg |
| anders | darum | gern | immer | oben | weiter |
| außen | davon | gestern | innen | oft | wieder |
| außerdem | dazu | gleich | irgendwo | rechts | wirklich |
| bald | deshalb | her | jetzt | schließlich | wo |
| beinahe | dort | heraus | links | sehr | wohl |
| bereits | draußen | herein | los | sofort | zuerst |
| besonders | ebenso | herum | mal | sogar | zuletzt |
| bisschen | eigentlich | herunter | manchmal | sonst | zusammen |
| bloß | einfach | heute | meistens | trotzdem | |
| dabei | einmal | hier | morgen | überall | |
| dafür | eins | hin | morgens | unten | |
| damit | endlich | hinauf | nachher | vielleicht | |

### Artikel

| | | | |
|---|---|---|---|
| das | der | die | einer |
| dem | des | ein | |

### Konjunktionen

| | | | | | |
|---|---|---|---|---|---|
| aber | bevor | denn | nämlich | so | wenn |
| allein | da | doch | noch | sondern | |
| als | damit | ebenso | ob | und | |
| auch | dass | nachdem | oder | weil | |

### Partikeln

| | | | | | |
|---|---|---|---|---|---|
| am | ja | nein | nicht | schon | wie |

### Präpositionen

| | | | | | |
|---|---|---|---|---|---|
| ab | außer | für | man | über | vorn |
| ähnlich | bei | gegen | mit | um | während |
| am | beim | hinter | nach | unter | wegen |
| an | bis | im | neben | vom | zu |
| auf | durch | in | ohne | von | zum |
| aus | entgegen | ins | seit | vor | |

### Pronomen

| | | | | | |
|---|---|---|---|---|---|
| andere | einer | ich | jeder | sein | welche |
| dein | einige | ihm | jemand | sich | wem |
| den | er | ihn | mein | sie | wer |
| dich | es | ihnen | mich | uns | wir |
| dir | euch | ihr | mir | unser | |
| du | euer | irgend | niemand | was | |

### Zahlwörter

| | | | | | |
|---|---|---|---|---|---|
| acht | etwas | kein | paar | tausend | zwei |
| alles | fünf | neun | sechs | vier | zwölf |
| drei | hundert | nichts | sieben | zehn | |

# Sortierung nach Sachgruppen

## Äußere Erscheinung

| | | | | | |
|---|---|---|---|---|---|
| alt | dünn | glatt | hoch | kühl | sauber |
| braun | fein | grau | hohl | kurz | schmutzig |
| breit | fest | groß | kaputt | lang | schwarz |
| bunt | fett | größer | klar | nass | spitz |
| dick | frisch | grün | klein | rot | weich |
| dunkel | gelb | hell | kräftig | rund | weiß |

## Bildung

| | | | | | |
|---|---|---|---|---|---|
| das Buch | die Frage | lernen | schreiben | die Tafel | das Wort |
| dumm | fragen | lesen | die Schrift | der Text | zeichnen |
| erklären | die Klasse | das Papier | die Schule | der Unterricht | das Zeugnis |
| erlauben | der Lehrer | rechnen | der Schüler | das Wissen | |
| der Fehler | die Lehrerin | der Satz | die Seite | wissen | |

## Essen, Trinken

| | | | | | |
|---|---|---|---|---|---|
| der Apfel | das Eis | fressen | die Kartoffel | das Obst | der Teller |
| backen | die Ente | das Frühstück | kochen | pflücken | trinken |
| die Banane | das Essen | füttern | der Kuchen | probieren | die Wurst |
| die Birne | essen | das Gemüse | der Löffel | rühren | |
| das Brot | das Fett | das Glas | das Mehl | das Salz | |
| die Butter | der Fisch | der Hunger | das Messer | sammeln | |
| der Durst | die Flasche | hungrig | die Milch | die Tasse | |
| das Ei | das Fleisch | der Kaffee | die Nuss | der Tee | |

## Familie, Verwandte, Bekannte

| | | | | | |
|---|---|---|---|---|---|
| der Bruder | heißen | der Nachbar | die Oma | das Paar | die Tante |
| die Eltern | die Mama | der Name | der Onkel | die Schwester | die Tochter |
| die Familie | die Mutter | nennen | der Opa | der Sohn | der Vater |

## Gefühle, Wahrnehmung

| | | | | | |
|---|---|---|---|---|---|
| die Angst | erkennen | das Glück | leicht | schlimm | der Streit |
| ängstlich | erschrecken | glücklich | leise | schmecken | süß |
| der Arger | falsch | gucken | lieb | schön | der Traum |
| ärgerlich | die Freude | gut | lieben | der Schreck | träumen |
| ärgern | freuen | hart | die Lust | schrecklich | traurig |
| aufpassen | frieren | heiß | lustig | die Schuld | das Unglück |
| aussehen | froh | hoffen | mögen | schwach | verstehen |
| belohnen | fröhlich | hoffentlich | müde | schwer | die Vorsicht |
| beobachten | fühlen | hören | nett | schwierig | warm |
| bequem | furchtbar | die Idee | riechen | sehen | weinen |
| besser | die Gefahr | kalt | ruhig | sieht | der Witz |
| blau | gefährlich | komisch | scharf | spannend | wütend |
| böse | gefallen | küssen | schimpfen | der Spaß | |
| einschlafen | gemütlich | lachen | schlafen | stark | |
| entdecken | gern | laut | schlecht | still | |

## Geist, Verstand, Charakter

| | | | | | |
|---|---|---|---|---|---|
| aufräumen | freundlich | das Interesse | der Mut | vergessen | die Wahrheit |
| denken | friedlich | interessieren | mutig | vorsichtig | |
| ehrlich | helfen | klug | stehlen | die Wahl | |
| fleißig | interessant | können | treu | wahr | |

## Sortierung nach Sachgruppen

### Geschäftsleben

| | | | | | |
|---|---|---|---|---|---|
| die Arbeit | der Beruf | der Cent | die Kasse | schaffen | zahlen |
| arbeiten | der Bescheid | einkaufen | kaufen | sparen | zählen |
| der Bäcker | bestellen | der Euro | kosten | teuer | |
| die Bank | bezahlen | das Geld | der Lohn | verkaufen | |
| der Bauer | billig | das Geschäft | der Preis | wiegen | |

### Geselligkeit

| | | | | | |
|---|---|---|---|---|---|
| der Besuch | das Fest | der Geburtstag | kennen | das Lied | treffen |
| besuchen | der Freund | das Geschenk | das Kino | die Musik | der Urlaub |
| erzählen | die Freundin | die Gruppe | kommen | schenken | der Zoo |
| feiern | der Gast | grüßen | die Leute | singen | zusammen |

### Gesellschaft

| | | | | | |
|---|---|---|---|---|---|
| arm | der Frieden | der Krieg | die Polizei | reich | das Volk |
| berühmt | der König | das Land | der Polizist | die Stadt | wählen |

### Gesundheit, Krankheit, Körperpflege

| | | | | | |
|---|---|---|---|---|---|
| der Arzt | die Brille | krank | pflegen | der Tod | verbinden |
| baden | gesund | das Krankenhaus | putzen | tot | verletzen |
| blind | hinfallen | das Leben | rauchen | der Unfall | die Verletzung |
| bluten | kämmen | leben | sterben | untersuchen | waschen |

### Haus, Wohnung

| | | | | | |
|---|---|---|---|---|---|
| bauen | das Fenster | die Heizung | die Mauer | der Stuhl | die Wand |
| das Bett | die Garage | der Hof | das Nest | der Teppich | wohnen |
| das Bild | der Garten | der Keller | der Schrank | der Tisch | die Wohnung |
| das Dach | das Gebäude | klingeln | der Sessel | die Treppe | das Zelt |
| die Decke | das Haus | die Kohle | der Spiegel | die Tür | das Zimmer |
| die Ecke | heizen | die Küche | der Stall | die Vase | |

### Kleidung, Schmuck

| | | | | | |
|---|---|---|---|---|---|
| anziehen | der Hut | der Mantel | passen | der Rock | der Strumpf |
| das Hemd | das Kleid | die Mütze | der Pullover | der Schuh | die Tasche |
| die Hose | der Knopf | nähen | der Ring | der Stoff | |

### Kommunikation

| | | | | |
|---|---|---|---|---|
| anrufen | der Brief | der Fernseher | die Karte | das Telefon |
| ansehen | der Computer | der Gruß | das Paket | die Zeitung |
| antworten | fernsehen | das Handy | die Post | der Zettel |

### Körper

| | | | | | |
|---|---|---|---|---|---|
| der Arm | das Blut | der Hals | das Kind | der Mensch | die Stimme |
| das Auge | der Finger | die Hand | das Knie | der Mund | wachsen |
| das Baby | die Frau | die Haut | der Kopf | die Nase | der Zahn |
| der Bauch | der Fuß | der Herr | der Körper | das Ohr | |
| das Bein | das Gesicht | das Herz | das Mädchen | der Rücken | |
| blicken | das Haar | der Junge | der Mann | die Schulter | |

# Grundwortschatz

## Sortierung nach Sachgruppen

### Natur

der Ast
der Bach
der Baum
der Berg
das Blatt
blühen
die Blume
der Boden
brennen
die Erde
das Feld
das Feuer
fließen
der Fluss
der Frühling
der Fuchs
das Futter
das Gras
der Hase
der Himmel
das Holz
der Hund
die Katze
die Kuh
die Luft
die Maus
das Meer
das Pferd
die Pflanze
pflanzen
die Quelle
das Reh
der Sand
der Schwanz
das Schwein
der See
der Staub
der Stein
das Tier
das Vieh
der Vogel
der Wald
das Wasser
die Wiese

### Raum-, Lageangabe

aufheben
außen
behalten
beim
beinahe
daran
darauf
darin
dort
draußen
eben
eng
die Entfernung
genau
gerade
heraus
herein
hier
hinauf
hinaus
hinein
hinten
hinter
hinterher
die Höhe
im
in
innen
ins
irgendwo
links
messen
der Meter
Mitte
nächste
nah
die Nähe
neben
nirgends
die Nummer
oben
offen
öffnen
der Ort
der Platz
der Punkt
der Raum
rechts
die Reihe
schief
die Spitze
die Stelle
tief
über
überall
überqueren
umziehen
unten
unter
vorn
der Weg
weit
weiter
die Welt
wo
das Ziel

### Religion

glauben
der Gott
die Kirche
das Kreuz
Ostern
Weihnachten

### Spiel, Sport

der Ball
boxen
erleben
der Fußball
hüpfen
klettern
laufen
malen
die Puppe
rennen
rutschen
der Schlitten
schwimmen
das Spiel
spielen
springen
streiten
stürzen
tanzen
turnen
üben
werfen

### Technik

biegen
bohren
der Dampf
entwickeln
die Fabrik
der Lärm
das Licht
die Maschine
das Maß
der Motor
die Pfeife
die Schere
das Schloss
der Schlüssel
der Strom
die Wärme
der Wecker

### Verkehr

die Ampel
das Auto
die Bahn
der Bahnhof
das Benzin
das Boot
die Bremse
bremsen
die Brücke
der Bus
die Eisenbahn
fahren
der Fahrer
das Fahrrad
die Fahrt
fährt
fliegen
das Flugzeug
gehen
der Koffer
die Kreuzung
die Kurve
das Rad
die Reise
reisen
reiten
schicken
das Schiff
die Straße
der Verkehr
die Vorfahrt
der Wagen
der Zug

### Wetter, Klima

der Blitz
das Gewitter
die Hitze
der Nebel
der Regen
regnen
scheinen
der Schnee
die Sonne
der Sturm
das Wetter
der Wind
die Wolke

## Sortierung nach Sachgruppen

### Zahl, Mengenangabe

acht
alle
allein
alles
beide
bisschen
drei
einfach
einige
einmal
eins
erst
der/die/das Erste
etwas
fünf
ganz
genug
gleich
halb
hundert
immer
kein
leer
mehr
neun
nichts
ohne
paar
der Rest
sechs
sehr
sieben
der Strauß
das Stück
tausend
das Teil
übrig
ungefähr
viel
vier
voll
wenig
die Zahl
zehn
ziemlich
zwei
zwölf

### Zeitangabe

der Abend
abends
anfangen
ankommen
der April
aufhören
aufwachen
der Augenblick
bald
beginnen
bevor
danach
dann
dauern
der Dienstag
das Ende
endlich
die Ferien
fertig
der Freitag
früh
die Geschichte
gestern
der Herbst
heute
das Jahr
jetzt
der Juli
der Juni
langsam
letzte
manchmal
der März
meistens
die Minute
der Mittag
der Mittwoch
der Moment
der Monat
der Montag
morgen
der Morgen
morgens
nach
nachdem
nachher
der Nachmittag
die Nacht
neu
nie
niemals
der November
nun
oft
die Pause
plötzlich
der Samstag
schließlich
der Schluss
schnell
seit
sofort
der Sommer
Sonntag
spät
die Stunde
der Tag
die Uhr
vorher
während
wann
die Weile
der Winter
die Woche
die Zeit
zuerst
zuletzt

### Ohne Angabe

ab
aber
ähnlich
als
also
am
an
andere
anders
die Antwort
auch
auf
aufstehen
aus
außer
außerdem
bei
das Beispiel
beißen
bekommen
bellen
bereits
besonders
bestimmt
bewegen
bin
bis
bitten
bleiben
bloß
brauchen
brechen
bringen
der Clown
da
dabei
dafür
damit
danken
darum
das
dass
davon
dazu
dein
dem
den
denn
der
des
deshalb
deutlich
deutsch
dich
die
dir
doch
drehen
drücken
du
durch
dürfen
ebenso
eigentlich
ein
einer
einfach
einige
einsteigen
entgegen
er
das Ergebnis
das Erlebnis
erwidern
es
euch
euer
der Fall
fallen
fällt
fangen
die Farbe
fassen
fast
fehlen
fiel
finden
frei
fremd
führen
füllen
für
ganz
geben
gegen
gehören
geschehen
geschieht
gewinnen
gibt
gießen
gleich
haben
hält
halten
hängen
hat
her
herum
herunter
die Hilfe
hin
holen
ich
ihm
ihn
ihnen
ihr
irgend
ist
ja
jeder
jemand
jung
kann
die Kiste
klopfen
der Korb
der Kreis
kriechen
kriegen
lassen
legen
leuchten
liegen
ließ
das Loch
los
loslassen
machen
mal
man
mein
meinen
merken
mich
mir
mit
möglich
müssen
nämlich
natürlich
nehmen
nein
neugierig
nicht
niemand
nimmt
noch
nur
ob
oder
packen
passieren
raten
reißen
retten
richtig
rollen
rufen
die Ruhe
die Sache
der Sack
sagen
schauen
schieben
schießen
schlagen
schleichen
schließen

## Sortierung nach Sachgruppen

schneiden
schon
schreien
sein
setzen
sich
sicher
sie
sieben
siegen
sind
sitzen
so
sogar
sollen

sondern
sonst
sprechen
spritzen
stecken
stehen
steigen
stellen
der Stock
stoßen
suchen
teilen
tragen
treiben
treten

trocken
trotzdem
tun
überlegen
um
und
uns
unser
verbieten
verlassen
verlieren
verschieden
verschwinden
verstecken
versuchen

vielleicht
vom
von
vor
vorbei
wach
warten
warum
was
wechseln
wecken
weg
wegen
wegnehmen
weil

weiß
weiter
weitergehen
welche
wem
wenn
wer
werden
wichtig
wie
wieder
will
wir
wird
wirklich

wohl
wollen
wünschen
zeigen
zerreißen
ziehen
zu
zum
zumachen
zur
zwischen

## Sortierung nach rechtschriftlichen Einzelphänomenen

### Flektierte Wortformen

| | | | | | |
|---|---|---|---|---|---|
| besser | dich | fällt | hat | kann | sind |
| bestimmt | dir | fiel | ihm | ließ | uns |
| bin | einer | geschieht | ihn | mehr | weiß |
| dem | euch | gibt | ihnen | mir | weiter |
| den | euer | größer | ihr | nimmt | will |
| des | fährt | hält | ist | sieht | wird |

### Auslautverhärtungen

#### Auslautverhärtung -b

| | | | | |
|---|---|---|---|---|
| ab | gelb | der Korb | ob | der Urlaub |
| deshalb | halb | lieb | der Staub | |

#### Auslautverhärtung -d

| | | | | | |
|---|---|---|---|---|---|
| der Abend | fremd | irgend | niemand | spannend | der Wind |
| bald | der Freund | jemand | das Pferd | tausend | wird |
| der Bescheid | das Geld | das Kind | das Rad | der Tod | wütend |
| das Bild | gesund | das Kleid | rund | und | |
| blind | die Hand | das Land | der Sand | während | |
| das Fahrrad | das Hemd | das Lied | die Schuld | der Wald | |
| das Feld | der Hund | der Mund | sind | die Wand | |

#### Auslautverhärtung -g

| | | | | | |
|---|---|---|---|---|---|
| der Berg | der Freitag | kräftig | der Nachmittag | schwierig | weg |
| billig | der Geburtstag | der Krieg | neugierig | der Sonntag | der Weg |
| der Dienstag | genug | lustig | richtig | der Tag | wenig |
| fertig | hungrig | der Mittag | ruhig | traurig | wichtig |
| fleißig | klug | der Montag | der Samstag | übrig | der Zug |
| das Flugzeug | der König | mutig | schmutzig | vorsichtig | |

### Vokalquantität – Langvokal

#### Dehnungs-h

| | | | | | |
|---|---|---|---|---|---|
| ähnlich | das Fahrrad | hohl | der Lohn | der Stuhl | die Wahrheit |
| die Bahn | die Fahrt | ihm | das Mehl | die Uhr | wegnehmen |
| belohnen | fährt | ihn | mehr | ungefähr | wohl |
| berühmt | fehlen | ihnen | nehmen | der Verkehr | wohnen |
| bezahlen | der Fehler | ihr | ohne | das Vieh | die Wohnung |
| bohren | der Frühling | das Jahr | das Ohr | die Vorfahrt | die Zahl |
| die Eisenbahn | das Frühstück | die Kohle | rühren | die Wahl | zahlen |
| erzählen | fühlen | kühl | sehr | wählen | zählen |
| fahren | führen | der Lehrer | der Sohn | wahr | der Zahn |
| der Fahrer | die Gefahr | die Lehrerin | stehlen | während | zehn |

#### Silbeninitiales h

| | | | | | |
|---|---|---|---|---|---|
| ansehen | beinahe | früh | nah | der Schuh | weitergehen |
| anziehen | blühen | gehen | die Nähe | sehen | ziehen |
| aufheben | deshalb | gehören | nähen | sieht | |
| aufhören | drehen | hinterher | das Reh | stehen | |
| aufstehen | fernsehen | die Höhe | die Reihe | umziehen | |
| aussehen | der Fernseher | das Krankenhaus | die Ruhe | verstehen | |
| behalten | froh | die Kuh | ruhig | vorher | |

#### Doppelvokal

| | | | | | |
|---|---|---|---|---|---|
| das Haar | das Paar | der Kaffee | das Meer | der See | das Boot |
| paar | die Idee | leer | der Schnee | der Tee | der Zoo |

## Sortierung nach rechtschriftlichen Einzelphänomenen

### Vokalquantität – Kurzvokal

#### Konsonantenverdoppelung ck

| | | | |
|---|---|---|---|
| der Augenblick | backen | der Bäcker | blicken |

#### Konsonantenverdoppelung ff

| | | | | | |
|---|---|---|---|---|---|
| hoffen | der Koffer | die Kartoffel | offen | schaffen | der Stoff |
| der Kaffee | hoffentlich | der Löffel | öffnen | das Schiff | treffen |

#### Konsonantenverdoppelung ll

| | | | | | |
|---|---|---|---|---|---|
| alle | billig | der Fußball | die Quelle | stellen | will |
| allein | die Brille | gefallen | rollen | still | wollen |
| alles | der Fall | hell | schnell | der Teller | |
| der Ball | fallen | hinfallen | sollen | überall | |
| bellen | fällt | der Keller | der Stall | der Unfall | |
| bestellen | füllen | der Pullover | die Stelle | voll | |

#### Konsonantenverdoppelung mm

| | | | | | |
|---|---|---|---|---|---|
| ankommen | dumm | kämmen | die Nummer | schwimmen | das Zimmer |
| bekommen | der Himmel | kommen | sammeln | der Sommer | zusammen |
| bestimmt | immer | nimmt | schlimm | die Stimme | |

#### Konsonantenverdoppelung nn

| | | | | |
|---|---|---|---|---|
| beginnen | dann | kann | nennen | spannend |
| dünn | gewinnen | kennen | rennen | wann |
| brennen | denn | können | die Sonne | wenn |
| erkennen | innen | der Mann | der Sonntag | |

#### Konsonantenverdoppelung pp

| | | | |
|---|---|---|---|
| die Gruppe | die Puppe | der Teppich | die Treppe |

#### Konsonantenverdoppelung rr

der Herr

#### Konsonantenverdoppelung ss

| | | | | | |
|---|---|---|---|---|---|
| aufpassen | bisschen | interessieren | messen | passieren | vergessen |
| essen | fressen | die Kasse | das Messer | das Schloss | verlassen |
| aussehen | dass | die Klasse | müssen | der Schluss | das Wasser |
| fassen | interessant | küssen | nass | der Schlüssel | das Wissen |
| besser | das Essen | lassen | die Nuss | der Sessel | wissen |
| der Fluss | das Interesse | loslassen | passen | die Tasse | |

#### Konsonantenverdoppelung tt

| | | | | | |
|---|---|---|---|---|---|
| das Bett | das Blatt | das Gewitter | klettern | die Mutter | der Schlitten |
| fett | das Futter | glatt | der Mittag | der Nachmittag | das Wetter |
| bitten | die Butter | der Gott | die Mitte | nett | der Zettel |
| das Fett | füttern | kaputt | der Mittwoch | retten | |

## Sortierung nach rechtschriftlichen Einzelphänomenen

Konsonantenverdoppelung tz

der Blitz
die Hitze
jetzt
die Katze
letzte
die Mütze
der Platz
plötzlich
putzen
der Satz
schmutzig
setzen
sitzen
spitz
die Spitze
spritzen
trotzdem
verletzen
die Verletzung
der Witz
zuletzt

## Weitere Einzelphänomene

**äu**
aufräumen
das Gebäude
träumen

**eu**
deutlich
deutsch
euch
euer
der Euro
das Feuer
das Flugzeug
die Freude
freuen
der Freund
die Freundin
freundlich
heute
das Kreuz
leuchten
die Leute
neu
neun
teuer
treu
das Zeugnis
neugierig
die Kreuzung

**c**
der Cent
der Clown
der Computer

**ie**
anziehen
das Beispiel
biegen
der Brief
die
der Dienstag
fiel
fliegen
der Frieden
friedlich
frieren
geschieht
hier
interessieren
das Knie
die Kreuzung
kriechen
der Krieg
kriegen
lieb
lieben
das Lied
liegen
neugierig
nie
niemals
niemand
das Papier
passieren
probieren
riechen
schieben
schief
schwierig
sie
sieben
siegen
sieht
der Spiegel
das Spiel
spielen
tief
das Tier
umziehen
wie
wieder
wiegen
die Wiese
ziehen
das Ziel
ziemlich
fließen
gießen
ließ
schießen
schließen
schließlich
verbieten
verlieren
verschieden
das Vieh
viel
vielleicht
vier

**ih**
ihm
ihn
ihnen
ihr

**ng**
anfangen
die Angst
ängstlich
bringen
eng
die Entfernung
fangen
der Finger
der Frühling
hängen
die Heizung
der Hunger
hungrig
jung
der Junge
klingeln
die Kreuzung
lang
langsam
der Ring
singen
springen
die Verletzung
die Wohnung
die Zeitung

**pf**
der Apfel
der Dampf
hüpfen
klopfen
der Knopf
der Kopf
die Pfeife
das Pferd
die Pflanze
pflanzen
pflegen
pflücken
schimpfen
der Strumpf

**qu**
die Quelle
überqueren

**ß**
außen
außer
außerdem
beißen
bloß
draußen
fleißig
fließen
der Fuß
der Fußball
gießen
groß
größer
der Gruß
grüßen
heiß
heißen
ließ
das Maß
reißen
schießen
schließen
schließlich
der Spaß
stoßen
die Straße
der Strauß
süß
weiß
zerreißen

**v**
bevor
davon
die Kurve
der November
der Pullover
die Vase
der Vater
verbinden
vergessen
verkaufen
der Verkehr
verlassen
verletzen
verschwinden
verstecken
verstehen
versuchen
der Vogel
das Volk
voll
vom
von
vor
vorbei
die Vorfahrt
vorher
vorn
die Vorsicht
vorsichtig
verbieten
verlieren
verschieden
das Vieh
viel
vielleicht
vier
die Verletzung

## x-Laut

**chs**
der Fuchs
nächste
sechs
wachsen
wechseln

**ks**
links

**x**
boxen
der Text

# Grundwortschatz

## Sortierung nach rechtschriftlichen Einzelphänomenen

### Konsonantenhäufung

abends
acht
die Angst
ängstlich
die Antwort
antworten
der Arzt
aufstehen
der Augenblick
berühmt
der Dampf
der Dienstag
der Durst
ehrlich
eigentlich
einschlafen
endlich
entdecken
die Entfernung
entgegen
entwickeln
erklären
erschrecken
erst
das Fenster
fernsehen
der Fernseher
freundlich
frisch
furchtbar
der Geburtstag
gefährlich
die Geschichte
der Herbst
hoffentlich
irgendwo
jetzt
letzte
links
manchmal
die Maschine
nächste
nichts
nirgends
das Obst
die Pflanze
pflanzen
pflegen
pflücken
plötzlich
rechts
der Samstag
schimpfen
schwach
der Schwanz
schwarz
sonst
sprechen
springen
spritzen
die Straße
der Strauß
der Streit
streiten
der Strom
der Strumpf
trotzdem
der Unterricht
verschwinden
verstecken
verstehen
die Vorfahrt
die Vorsicht
vorsichtig
die Wahrheit
Weihnachten
welche
wirklich
die Wurst
zeichnen
zuerst
zuletzt
zwischen

### Lauttreue Wörter

**Hinweis:** Gemäß der alphabetischen Strategie wird jedem Phonem genau ein Graphem zugeordnet.

abends
aber
als
also
alt
am
die Ampel
an
andere
anders
anrufen
die Antwort
antworten
der Apfel
der April
arm
der Arm
der Ast
auf
aufheben
aufhören
das Auge
aus
das Auto
baden
die Banane
die Bank
bauen
der Bauer
der Baum
behalten
der Beruf
besonders
bewegen
bin
die Birne
bis
blau
die Blume
das Blut
bluten
der Boden
böse
braun
die Bremse
bremsen
das Brot
der Bruder
bunt
der Bus
da
dafür
damit
der Dampf
daran
darauf
darin
darum
das
dauern
dem
den
der
des
deshalb
dort
du
dürfen
der Durst
eben
ebenso
die Eltern
das Ende
die Ente
entgegen
er
die Erde
das Ergebnis
erlauben
erleben
das Erlebnis
erst
der/die/das Erste
es
etwas
die Fabrik
die Familie
die Farbe
fast
das Fenster
die Ferien
fest
das Fest
finden
die Frage
fragen
die Frau
fünf
für
der Garten
der Gast
geben
der Geburtstag
gegen
gehören
das Gemüse
genau
gerade
gern
gestern
gibt
das Glas
glauben
das Gras
grau
grün
gut
haben
der Hals
halten
hart
der Hase
hat
das Haus
Haut
helfen
her
heraus
der Herbst
herum
herunter
die Hilfe
hin
hinauf
hinaus
hinten
hinter
hinterher
der Hof
holen
hören
die Hose
hundert
hüpfen
der Hut
im
in
ins
ja
jeder
der Juli
der Juni
kalt
die Karte
kaufen
das Kino
die Kiste
klar
klopfen
der Knopf
der Kopf
der Körper
kosten
laufen
laut
leben
das Leben
legen
lernen
lesen
los
die Luft
die Lust
mal
malen
die Mama
man
der Mantel
die Mauer
die Maus
merken
der Meter
die Minute
mir
mögen
der Moment
der Monat
morgen
der Morgen
morgens
der Motor
müde
die Musik
der Mut
der Name
die Nase
der Nebel
neben
das Nest
nirgends
nun
nur
oben
das Obst
oder
oft
die Oma
der Ort
Ostern
das Paket
die Pause
pflegen
die Post
raten
der Raum
der Regen
regnen
der Rest
rot
rufen
sagen
sauber
so
sofort
sogar
sondern
sonst
sparen
stark
sterben
der Strom
der Strumpf
die Stunde
der Sturm

## Grundwortschatz

### Sortierung nach rechtschriftlichen Einzelphänomenen

| | | | | | |
|---|---|---|---|---|---|
| die Tafel | treten | überlegen | der Wagen | die Welt | wir |
| die Tante | tun | um | warm | wem | wo |
| das Telefon | die Tür | uns | warten | wer | die Wolke |
| tot | turnen | unser | warum | werden | das Wort |
| tragen | üben | unten | was | werfen | die Wurst |
| der Traum | über | unter | wegen | der Winter | |

## Merkwörter

**Hinweis:** Merkwörter haben eine schwierige Rechtschreibung; sie müssen wortspezifisch eingeprägt werden.

| Eintrag | Wortart | Grund für Merkwort |
|---|---|---|
| Cent | Nomen | Buchstabe ‚C' |
| bevor | Konjunktion | Buchstabe ‚v' |
| davon | Adverb | Buchstabe ‚v' |
| die Kurve | Nomen | Buchstabe ‚v' |
| der November | Nomen | Buchstabe ‚v' |
| der Pullover | Nomen | Buchstabe ‚v' |
| die Vase | Nomen | Buchstabe ‚v' |
| der Vater | Nomen | Buchstabe ‚v' |
| viel | Adjektiv | Buchstabe ‚v' |
| vielleicht | Adverb | Buchstabe ‚v' |
| vier | Zahlwort | Buchstabe ‚v' |
| der Vogel | Nomen | Buchstabe ‚v' |
| das Volk | Nomen | Buchstabe ‚v' |
| voll | Adjektiv | Buchstabe ‚v' |
| vom | Präposition | Buchstabe ‚v' |
| von | Präposition | Buchstabe ‚v' |
| vor | Präposition | Buchstabe ‚v' |
| vorn | Präposition | Buchstabe ‚v' |
| boxen | Verb | Buchstabe ‚x' |
| der Text | Nomen | Buchstabe ‚x' |
| das Handy | Nomen | Buchstabe, y' |
| das Vieh | Nomen | Buchstaben ‚v' und ‚ieh' |
| die Stadt | Nomen | Buchstabenverbindung ‚dt' |
| der Fuchs | Nomen | chs als ‚x' gesprochen |
| nächste | Adjektiv | chs' als ‚x' gesprochen |
| sechs | Zahlwort | chs' als ‚x' gesprochen |
| wachsen | Verb | chs' als ‚x' gesprochen |
| wechseln | Verb | chs' als ‚x' gesprochen |
| ähnlich (1/2) | Adjektiv | Dehnungs-h |
| ähnlich (2/2) | Präposition | Dehnungs-h |
| die Bahn | Nomen | Dehnungs-h |
| der Bahnhof | Nomen | Dehnungs-h |
| ohne | Präposition | Dehnungs-h |
| das Ohr | Nomen | Dehnungs-h |

| Eintrag | Wortart | Grund für Merkwort |
|---|---|---|
| belohnen | Verb | Dehnungs-h |
| berühmt | Adjektiv | Dehnungs-h |
| bezahlen | Verb | Dehnungs-h |
| bohren | Verb | Dehnungs-h |
| die Eisenbahn | Nomen | Dehnungs-h |
| erzählen | Verb | Dehnungs-h |
| fahren | Verb | Dehnungs-h |
| der Fahrer | Nomen | Dehnungs-h |
| das Fahrrad | Nomen | Dehnungs-h |
| die Fahrt | Nomen | Dehnungs-h |
| fährt | Verb | Dehnungs-h |
| fehlen | Verb | Dehnungs-h |
| der Fehler | Nomen | Dehnungs-h |
| der Frühling | Nomen | Dehnungs-h |
| das Frühstück | Nomen | Dehnungs-h |
| fühlen | Verb | Dehnungs-h |
| führen | Verb | Dehnungs-h |
| die Gefahr | Nomen | Dehnungs-h |
| hohl | Adjektiv | Dehnungs-h |
| ihm | Pronomen | Dehnungs-h |
| ihn | Pronomen | Dehnungs-h |
| ihnen | Pronomen | Dehnungs-h |
| ihr | Pronomen | Dehnungs-h |
| das Jahr | Nomen | Dehnungs-h |
| die Kohle | Nomen | Dehnungs-h |
| kühl | Adjektiv | Dehnungs-h |
| der Lehrer | Nomen | Dehnungs-h |
| die Lehrerin | Nomen | Dehnungs-h |
| der Lohn | Nomen | Dehnungs-h |
| das Mehl | Nomen | Dehnungs-h |
| mehr | Adjektiv | Dehnungs-h |
| nehmen | Verb | Dehnungs-h |
| blühen | Verb | ‚h' (Silbe) |
| deshalb | Adverb | ‚h' (Silbe) |

# Grundwortschatz

## Sortierung nach rechtschriftlichen Einzelphänomenen

| Eintrag | Wortart | Grund für Merkwort |
|---|---|---|
| rühren | Verb | Dehnungs-h |
| sehr | Adverb | Dehnungs-h |
| der Sohn | Nomen | Dehnungs-h |
| stehlen | Verb | Dehnungs-h |
| der Stuhl | Nomen | Dehnungs-h |
| die Uhr | Nomen | Dehnungs-h |
| ungefähr | Adjektiv | Dehnungs-h |
| der Verkehr | Nomen | Dehnungs-h |
| die Vorfahrt | Nomen | Dehnungs-h |
| die Wahl | Nomen | Dehnungs-h |
| wählen | Verb | Dehnungs-h |
| wahr | Adjektiv | Dehnungs-h |
| während | Präposition | Dehnungs-h |
| die Wahrheit | Nomen | Dehnungs-h |
| wegnehmen | Verb | Dehnungs-h |
| wohl | Adverb | Dehnungs-h |
| wohnen | Verb | Dehnungs-h |
| die Wohnung | Nomen | Dehnungs-h |
| die Zahl | Nomen | Dehnungs-h |
| zahlen | Verb | Dehnungs-h |
| zählen | Verb | Dehnungs-h |
| der Zahn | Nomen | Dehnungs-h |
| zehn | Zahlwort | Dehnungs-h |
| das Haar | Nomen | Doppelvokal ‚aa' |
| das Paar | Nomen | Doppelvokal ‚aa' |
| paar | Zahlwort | Doppelvokal ‚aa' |
| die Idee | Nomen | Doppelvokal ‚ee' |
| der Kaffee | Nomen | Doppelvokal ‚ee' |
| leer | Adjektiv | Doppelvokal ‚ee' |
| das Meer | Nomen | Doppelvokal ‚ee' |
| der Schnee | Nomen | Doppelvokal ‚ee' |
| der See | Nomen | Doppelvokal ‚ee' |
| der Tee | Nomen | Doppelvokal ‚ee' |
| das Boot | Nomen | Doppelvokal ‚oo' |
| der Zoo | Nomen | Doppelvokal ‚oo' |
| der Clown | Nomen | Fremdwort |
| der Computer | Nomen | Fremdwort |
| die Garage | Nomen | Fremdwort |
| das Baby | Nomen | Fremdwort (‚y') |
| ansehen | Verb | ‚h' (Silbe) |
| anziehen | Verb | ‚h' (Silbe) |
| aufstehen | Verb | ‚h' (Silbe) |
| aussehen | Verb | ‚h' (Silbe) |
| beinahe | Adverb | ‚h' (Silbe) |

| Eintrag | Wortart | Grund für Merkwort |
|---|---|---|
| drehen | Verb | ‚h' (Silbe) |
| fernsehen | Verb | ‚h' (Silbe) |
| der Fernseher | Nomen | ‚h' (Silbe) |
| froh | Adjektiv | ‚h' (Silbe) |
| früh | Adjektiv | ‚h' (Silbe) |
| gehen | Verb | ‚h' (Silbe) |
| hinterher | Adverb | ‚h' (Silbe) |
| die Höhe | Nomen | ‚h' (Silbe) |
| die Kuh | Nomen | ‚h' (Silbe) |
| die Nähe | Nomen | ‚h' (Silbe) |
| nähen | Verb | ‚h' (Silbe) |
| das Reh | Nomen | ‚h' (Silbe) |
| die Reihe | Nomen | ‚h' (Silbe) |
| die Ruhe | Nomen | ‚h' (Silbe) |
| ruhig | Adjektiv | ‚h' (Silbe) |
| der Schuh | Nomen | ‚h' (Silbe) |
| sehen | Verb | ‚h' (Silbe) |
| sieht | Verb | ‚h' (Silbe) |
| stehen | Verb | ‚h' (Silbe) |
| umziehen | Verb | ‚h' (Silbe) |
| verstehen | Verb | ‚h' (Silbe) |
| vorher | Adverb | ‚h' (Silbe) |
| weitergehen | Verb | ‚h' (Silbe) |
| ziehen | Verb | ‚h' (Silbe) |
| links | Adverb | ‚ks' im Auslaut |
| das Benzin | Nomen | langvokalisches ‚i' |
| dir | Pronomen | langvokalisches ‚i' |
| erwidern | Verb | langvokalisches ‚i' |
| die Maschine | Nomen | langvokalisches ‚i' |
| nämlich | Adjektiv | ohne Dehnungs-h |
| nah | Adjektiv | ‚h' (Silbe) |
| bereits | Adverb | ‚ts' im Auslaut |
| nichts | Zahlwort | ‚ts' im Auslaut |
| rechts | Adverb | ‚ts' im Auslaut |

## Sortierung nach morphematischen Einzelphänomenen

### Präfixe

**an-**
anfangen
ankommen
anrufen
ansehen
anziehen

**auf-**
aufheben
aufhören
aufpassen
aufräumen
aufstehen

**aus-**
aussehen

**be-**
der Bescheid
bestellen
bestimmt
der Besuch
besuchen
bevor
bewegen
bezahlen

**ein-**
einfach
einkaufen
einmal
einschlafen
einsteigen

**ent-**
entdecken
die Entfernung
entgegen
entwickeln

**er-**
das Ergebnis
erkennen
erklären
erlauben
erleben
das Erlebnis
erschrecken
erwidern
erzählen

**ge-**
das Gebäude
der Geburtstag
die Gefahr
gefährlich
gefallen
gehören
das Gemüse
gemütlich
das Geschäft
geschehen
das Geschenk
die Geschichte
das Gesicht
gesund
gewinnen

**hin-**
hinauf
hinaus
hinfallen

**los-**
loslassen

**nach-**
nachdem
nachher
der Nachmittag

**über-**
überall
überlegen
überqueren

**un-**
der Unfall
ungefähr
das Unglück

**unter-**
der Unterricht
untersuchen

**ver-**
verbieten
verbinden
vergessen
verkaufen
der Verkehr
verlassen
verletzen
die Verletzung
verlieren
verschieden
verschwinden
verstecken
verstehen
versuchen

**vor-**
vorbei
die Vorfahrt
vorher
vorn
die Vorsicht
vorsichtig

**zer-**
zerreißen

### Suffixe

**Hinweis:** ohne Verben in der Grundform

**-d**
spannend
wütend

**-er**
der Ärger
der Bäcker
der Bauer
der Bruder
die Butter
der Fahrer
der Fehler
der Fernseher
das Fenster
der Finger
das Futter
das Gewitter
der Hunger
der Keller
der Koffer
der Körper
der Lehrer
die Mauer
das Messer
der Meter
die Mutter
der November
die Nummer
der Pullover
der Schüler
die Schulter
die Schwester
der Sommer
der Teller
die Tochter
der Vater
das Wasser
der Wecker
das Wetter
der Winter
das Zimmer

**-in**
die Freundin
die Lehrerin

**-heit**
die Wahrheit

**-ig**
billig
fertig
fleißig
hungrig
kräftig
lustig
mutig
neugierig
richtig
ruhig
schmutzig
schwierig
traurig
übrig
vorsichtig
wenig
wichtig

**-isch**
komisch

**-lich**
ähnlich
ängstlich
ärgerlich
deutlich
ehrlich
endlich
freundlich
friedlich
fröhlich
gefährlich
gemütlich
glücklich
möglich
nämlich
natürlich
plötzlich
schrecklich
wirklich
ziemlich

**-nis**
das Ergebnis
das Erlebnis
das Zeugnis

**-sam**
langsam

**-ung**
die Entfernung
die Heizung
die Kreuzung
die Verletzung
die Wohnung
die Zeitung

### Komposita

der Augenblick
der Bahnhof
die Eisenbahn
das Fahrrad
fernsehen
der Fernseher
das Flugzeug
das Frühstück
der Fußball
der Geburtstag
das Krankenhaus
neugierig
wegnehmen
Weihnachten

# Fachwortschatz

## Sortierung nach Wortarten

### Nomen

Abdeckgitter
Abkommen
Ablagerung
Abschaffung
Absicherung
Absolutismus
Acker
Ackerbau
Adel
Afrika
Afroamerikaner
Ägypten
Aktion
Aktivität
Alarmzeichen
Allergie
Alliierte
Anbaubedingung
Anklage
Anteilnahme
Anweisung
Anwesen
Apartheid
Apfelschnitz
Arbeiterbewegung
Arbeiterklasse
Arbeitsbedingung
Arbeitstechnik
Argument
Arktis
Armut
Armutsrisiko
Artenvielfalt
Aschefeld
Asien
Aspekt
Atlantikküste
Atlas
Atmosphäre
Attentat
Aufbietung
Aufruf
Aufschluss
Aufteilung
Auseinandersetzung
Ausgangs-
bedingung
Auswirkung
Auszug
Automobil
Baden-
Württemberg
Balance
Baleareninsel
Ballon
Ballungsraum
Barometer
Becherglas
Beckenlandschaft
Bedürfnis
Befragung
Befugnis
Behörde
Beobachtung
Berufsfeld
Berufskleidung
Berufswahl
Beschluss
Besiedlung
Betriebsform
Beute
Bewegung
Bewegungskrieg
Beweiskraft
Bezugsperson
Bibliothek
Biologie
Blockade
Bodenschale
Bodenschatz
Brandkatastrophe
Brandstelle
Braunkohle
Brennerflamme
Brennerrohr
Brennmaterial
Broschüre
Bucht
Bund
Bundesebene
Bundesrat
Bundesregierung
Bundesrepublik
Deutschland
Bundesstaat
Bundestag
Bündnis
Bürgerinitiative
Buschland
Christentum
Dampfmaschine
Delikt
Demokratie
Demonstration
Detail
Diagramm
Diktat
Diktatur
Drogenkonsum
Duftmarke
Durchschnittsbürger
Durchschnitts-
temperatur
Durchschnittswert
Dürre
Dutzend
Ebbe
Eigenschaften
Eindruck
Eingeborene
Eingewöhnungszeit
Einigung
Einkommen
Einkommenshöhe
Einnahmen
Einschaltquote
Einstreu
Einwanderer
Einzelgänger
Einzelhandel
Eisenbahn-
gesellschaft
Eisenbahnnetz
Eisenerz
Eisscholle
Elektrizität
Elend
Empfang
Energiequelle
Energieträger
Energieverbrauch
Entdeckungsfahrt
Entfaltung
Entscheidungs-
schlacht
Erdinneres
Erdkruste
Erdoberfläche
Erdöllagerstätte
Erdwärme
Erfindung
Erkennungszeichen
Erkundung
Ernährung
Ernteertrag
Erntemaschine
Erwerb
Erwerbsquelle
Erzherzog
Etage
Europa
Exekutive
Existenz
Exkursion
Expedition
Experiment
Explosion
Exportprodukt
Fachbuch
Fachwerkhaus
Familiengruppe
Familienrecht
Farm
Faustrecht
Fels
Felsen
Fertigprodukt
Festland
Feuchtigkeit
Feuerbekämpfung
Feuergefahr
Feuermeer
Feuerprobe
Feuerwehr
Firmensitz
Flaschenhals
Fließband
Fließgeschwin-
digkeit
Floh
Flotte
Flottenstützpunkt
Flugblatt
Flut
Flutwelle
Förderkorb
Fördermenge
Forscherteam
Forschungsergebnis
Forstwirtschaft
Fortschritt
Fossil
Freiheitskampf
Freiheitsrecht
Freilassung
Friedensnobelpreis-
träger
Friedensvertrag
Führungsposition
Funkenregen
Fürst
Futter
Futternapf
Futterpflanze
Gangsystem
Gaze
Gebirgskette
Gebühr
Gefahrenbereich
Gefangenschaft
Gefecht
Gegenüberstellung
Gehorsam
Gekläff
Gelände
Genehmigung
Geograf
Geologie
Gerechtigkeit
Gerichtsverfahren
Geröll
Gesellschaftsschicht
Gesetz
Gesetzes-
übertretung
Gestein
Gesteinsmaterial
Gesteinsschicht
Gewaltanwendung
Gewaltenteilung
Gewerkschaft
Gewinnbeteiligung
Giftgas
Gleichberechtigung
Gleichheit
Gletscher
Glockengeläut
Glut
Gouverneur
Granatfeuer
Grashang
Greifvogel
Großkonzern
Großmacht
Grundbesitzer
Grundfutter
Grundlage
Grundnahrungs-
mittel
Grundrecht
Grundversorgung
Haftpflicht-
versicherung
Halbkugel
Halbkugelversuch
Halbwüste
Hauptaspekt
Hauptreisezeit
Haushalt
Haustier
Heer
Heeresleitung
Heimarbeit
Heimatland
Heimatort
Heizflamme
Hektar
Herrscher
Heu
Hinterbein
Hintergrund-
information
Hinterleib
Hinweisschild
Historiker
Hitzeperiode
Hochdruckgebiet
Hochebene
Hochsaison
Hochwasser
Holzleiter
Holzspäne
Hornsignal
Image
Imperialismus
Industrialisierung
Industrieregion
Inferno
Innenraum
Institution
Interpretation
Interview
Jahresdurchschnitt
Jahreszeit
Journalist
Judikative
Jugendkriminalität
Justitia
Käfig
Kaiserreich
Kajüte
Kakaofrucht
Kakteen
Kanarische Inseln
Kaninchen
Kapitulation
Karawane
Karikatur
Karriere
Kaserne
Kassierer
Katastrophe
Katzenstreu
Kenntnis
Kinderarbeit
Klasse
Klimagrenze
Klimaschutz
Klimawandel
Kohlendioxid
Kohleofen
Kolbenhirse
Kollege
Kolonialpolitik
Kolonie
Kompressor

## Sortierung nach Wortarten

Kompromiss
König
Konkurrent
Kontinent
Konzentration
Konzern
Körnerfutter
Kranken-
versicherung
Krankheit
Krater
Kreisstadt
Kriegsbereitschaft
Kriegsentschä-
digung
Kriegsführung
Kruzifix
Kubikmeter
Kultur
Kündigungsschutz
Kundschaft
Küstengebiet
Kutsche
Landesparlament
Landfläche
Landkreis
Landschaftsform
Landwind
Längengrad
Langzeitbeobach-
tung
Lasttier
Lava
Lebensbereich
Lebensmittelkarte
Lebensunterhalt
Legende
Legislative
Lehrzeit
Leistungsfähigkeit
Leuchtfeuer
Leuchtflamme
Lohnfortzahlung
Lokomotive
Lösung
Löwenzahn
Luftdruck
Luftfeuchtigkeit
Lufthülle
Luftleere
Luftmasse
Luftsäule
Luftschicht
Luftstützpunkt
Lüftung
Machtfülle
Magma
Mangel

Marine
Masse
Maßeinheit
Massengrab
Massenmedien
Maßnahme
Mäusespielzeug
Meeresfläche
Meeresspiegel
Meerschweinchen
Meile
Meinungsfreiheit
Menschenrecht
Messbecher
Methan
Mietrecht
Mikrofaser
Mikroskop
Minenfeld
Minister
Ministerpräsident
Missbrauch
Missernte
Misshandlung
Missstand
Mittelalter
Mittelmeer
Mittelmeerküste
Mobilität
Monarchie
Montanindustrie
Motiv
Motorisierung
Mülltonne
Mündungsbereich
Muttermilch
Nachrichtenagentur
Nachwuchs
Nagelpistole
Naherholung
Nahrungsgrundlage
Nationalpark
Naturgewalt
Naturpark
Neugeborene
Niederlage
Niederschlag
Nordpolarmeer
Nordpolarregion
Notarzt
Oase
Oberbefehl
Oberfläche
Obrigkeit
Offensive
Öffentlichkeit
Ökologe
Original

Orkan
Ostküste
Packeis
Panik
Papprolle
Papyrus
Paradies
Parlament
Partei
Passatwind
Pazifik
Personal
Pflege
Pflegearbeit
Philosophie
Plantage
Planungseinheit
Polarzone
Polizeipräsenz
Polyacryl
Polyester
Praktikum
Prärie
Präsentation
Praxiserfahrung
Pressefreiheit
Printmedien
Prinzip
Privatmann
Problemfrage
Problemlösung
Prophet
Protest
Provision
Prozess
Psychologie
Quadratkilometer
Quartier
Quelle
Quellenangabe
Quote
Radius
Randzone
Rangfolge
Rassentrennung
Ratgeber
Raubkopie
Raubtier
Rauchvergiftung
rauschen
Rebgelände
Rebstöcke
Recherche
Rechtsanwalt
Rechtsprechung
Rechtsstaat
Regelung
Regierung

Reichsfürst
Reichsgründung
Reichskanzler
Reichsregierung
Reifegrad
Reiseziel
Reittier
Rekonstruktion
Rekultivierung
Rentenversicherung
Reparation
Reportage
Reporter
Requisite
Reservat
Resozialisierung
Revier
Revolution
Robbe
Rohstoff
Ruhrgebiet
Rundfunk
Rundfunkgerät
Rüstungsindustrie
Sachbeschädigung
Sachverhalt
Sägemehl
Saison
Salzebene
Salzkristall
Samen
Sandsturm
Säugetier
Saughaken
Saugnapf
Schadenersatz
Schädling
Schädlings-
bekämpfung
Schadstoff
Schande
Schichtarbeit
Schicksal
Schienennetz
Schiffsrumpf
Schlafhäuschen
Schlauchkolben
Schlauchverschluss
Schlepplift
Schmelzwasser
Schmuddelwetter
Schnellkochtopf
Schokoguss
Schraubverschluss
Schuldner
Schutzbestimmung
Schützengraben
Schutzherrschaft

Schutzwall
Selbstverständnis
Senkkasten
Seuchengefahr
Sicherheit
Sicherheits-
bestimmung
Sicherheitskräfte
Sintflut
Sitte
Skandal
Skizze
Sozialpolitik
Sozialversicherung
Spannung
Spektrum
Staatenbund
Staatsanwaltschaft
Staatschef
Staatsführer
Staatspräsident
Staatsregierung
Stadtarchiv
Stadtgebiet
Stadtviertel
Stahlwerk
Standzylinder
Steinhaus
Steinkohlebergbau
Steppe
Stoppuhr
Strafgesetzbuch
Strahlungsintensität
Strand
Strandpromenade
Streik
Streitfall
Stroh
Styropor
Suchtprävention
Südamerika
Symbol
Sympathisant
System
Tabelle
Tagebau
Tätigkeit
Taucherglocke
Teelicht
Terrarium
Territorium
Thema
Thronfolger
Tiefdruckgebiet
Tierarzt
Tierquälerei
Tierschutzgesetz
Tornado

Torpedo
Totholz
Totschlag
Tourist
Traglufthalle
Traube
Treibhauseffekt
Treibhausgas
Tropen
Tumult
Überdruck
Überlegenheit
Überlieferung
Übersee
Umwandlungs-
prozess
Umweltkategorie
Umweltministerium
Umweltschutz
Umweltsünder
Unabhängigkeit
Unabhängigkeits-
tag
Unheil
Uniform
Unrat
Untergang
Untertan
Unterwasserarbeit
Unversehrtheit
Unwahrheit
Uran
Ureinwohner
Urheberrecht
Urin
Urkundenfälschung
Urlaub
Ursprung
Vegetation
Verarbeitung
Verband
Verbraucherbera-
tung
Verbündeter
Verdienst
Vergehen
Vergletscherung
Verhaltensweise
Verhältnismäßigkeit
Verkehrsflugzeug
Verlag
Vermittlung
Vermutung
Verpackung
Verpackungs-
material
Verräter
Versammlungsrecht

## Sortierung nach Wortarten

Verschiebung
Versicherungsschutz
Version
Verstoß
Versuchsanleitung
Versuchsanordnung
Versuchsbeschreibung
Versuchsfrage
Versuchsprotokoll
Versuchsreihe
Versuchszeichnung
Verwarnung
Verwitterung
Viskose
Volljährigkeit
Volumen
Vorbereitungsphase
Vorgehensweise
Vorschrift
Vorsichtsmaßnahme
Vorstadt
Vorstellung
Vorurteil
Vorvertrag
Vorwarnung
Vorwort
Vulkan
Vulkanausbruch
Waagschale
Waldbrand
Wärmeisolierung
Wärmespeicher
Wasserbad
Wasserdampf
Wasserkraft
Wassermasse
Wasserqualität
Wasserspinne
Wassertemperatur
Wellensittich
Weltmarkt
Weltmarktpreis
Weltreich
Werbetechnik
Werbetext
Werksleitung
Werkstoff
Westen
Westfront
Westküste
Wettervorhersage
Wettlauf
Wettrennen
Wettrüsten
Widersacher
Widerstand
Wiederaufbau
Wiedereingliederung
Windrichtung
Windstärke
Wirbelsturm
Wirtschaftsunternehmen
Wissenschaftler
Wohnungsnot
Wolf
Wolkenkratzer
Wunsch
Würde
Würdenträger
Wüste
Wüstenrennmaus
Wüstensand
Zaun
Zeche
Zeilenangabe
Zeitspanne
Zentralasien
Zivilist
Zivilrecht
Zoohandlung
Zubehör
Zuckerrohr
Zulassung
Zulieferfirma
Zündtemperatur
Zweck
Zweifrontenkrieg

## Adjektive

aktuell
anhaltend
artgerecht
aufmerksam
aufwändig
ausführlich
automatisch
bedrohlich
behaglich
brandfördernd
brennbar
bürgerlich
demokratisch
deutlich
dicht
diffus
drastisch
dringend
dummerweise
effizient
eindeutig
eindrucksvoll
einheimisch
emotional
endogen
entsetzlich
entzündlich
erfolgreich
erforderlich
erneuerbar
ernsthaft
exogen
exotisch
explosionsgefährlich
extrem
fassungslos
fettreich
feucht
fit
friedlich
frontal
fruchtbar
gefährlich
gefühlsbetont
gerecht
gespenstisch
gewaltig
gewaltsam
glazial
global
günstig
heilig
heimlich
herrenlos
hohl
hörbar
intensiv
interessant
international
jährlich
kinderfreundlich
klischeehaft
kompliziert
konkret
konstitutionell
kontrastreich
korrekt
köstlich
kreativ
kriminell
kritisch
künstlerisch
langhaarig
lebenslang
lebensnotwendig
lebenswichtig
lebhaft
leichtsinnig
leiden
leistungsfähig
leuchtend
merkwürdig
miserabel
mittelweich
nachhaltig
niedlich
öffentlich
ökologisch
physisch
positiv
preisgünstig
pünktlich
radikal
rechtswidrig
regelmäßig
regelrecht
regional
religiös
revolutionär
robust
schädlich
selbstständig
selten
seltsam
senkrecht
sinnlos
sinnvoll
sozial
spannend
spektakulär
spontan
sprunghaft
stillschweigend
strafbar
streng
systematisch
touristisch
traditionell
traditionsreich
tüchtig
typisch
überschüssig
umgekehrt
umweltfreundlich
umweltschonend
unabhängig
unangenehm
unbedingt
unbekannt
unbezahlbar
unermüdlich
unerschöpflich
ungefährlich
ungläubig
unmittelbar
unruhig
unverletzlich
unverzichtbar
unzählig
vakuumverpackt
verantwortlich
verheerend
verlieren
vernünftig
verschieden
verständlich
vielseitig
vollständig
vorteilhaft
weltweit
wertvoll
wild
wirtschaftlich
wohlhabend
zähflüssig
zukunftssicher
zusammenhängend
zweifelhaft

## Sortierung nach Wortarten

### Verben

abdanken
ablaufen
absaugen
abschmelzen
abschwächen
absolvieren
absterben
aneignen
anfertigen
anfordern
angrenzen
anhängen
anlocken
atmen
aufheben
auflodern
auflösen
aufplustern
aufteilen
ausführen
aussterben
ausströmen
austreten
auswerten
basieren
beben
bedecken
bedrohen
beeinflussen
beeinträchtigen
begünstigen
belasten
benötigen
berichten
berücksichtigen
beschaffen
beschäftigen
beschlagnahmen
beseitigen
besetzen
besiedeln
besteigen
betäuben
bewachen
blockieren
boomen
brüten
darstellen
demütigen
deuten
düngen
durchführen
durchsetzen
ehren
einberufen
einbrechen
eingliedern
einlegen
einrichten
einwandern
empfangen
engagieren
entdecken
entfachen
entfernen
entspannen
entsprechen
entwickeln
entzünden
erkennen
erkunden
erledigen
erlöschen
ernten
erreichen
errichten
erschließen
erschüttern
erstarren
ersticken
erstrecken
erwärmen
erweitern
erzeugen
evakuieren
existieren
experimentieren
exportieren
faszinieren
fertigen
festlegen
finanzieren
flirten
folgen
fordern
fördern
formulieren
forsten
fotografieren
funktionieren
garantieren
gefrieren
geschehen
gewährleisten
heimsuchen
herausbekommen
herstellen
hineinpumpen
importieren
informieren
investieren
isolieren
jubeln
kennenlernen/
kennen lernen
klagen
knabbern
knistern
konkurrieren
konstruieren
kontrollieren
kritisieren
nachdenken
nachprüfen
nachschauen
nachschlagen
niedergehen
nummerieren
polstern
präsentieren
protokollieren
pusten
ragen
reagieren
reflektieren
regeln
regieren
retuschieren
ruinieren
rumoren
rußen
säugen
schädigen
schimmern
schleppen
schmiegen
schütten
schützen
sortieren
speichern
spezialisieren
stattfinden
staunen
tarnen
tauschen
testen
transportieren
überfluten
überprüfen
überstülpen
übertragen
überwachen
überwintern
unterwerfen
verändern
verbieten
verbrauchen
verbreiten
verdecken
verdunsten
verglühen
verhängen
verhindern
verklagen
verkohlen
vermeiden
vermischen
vermuten
vernehmen
vernichten
veröffentlichen
verpflichten
verrichten
verringern
verschleiern
verschlingen
verschmutzen
versiegen
vertreiben
verursachen
verurteilen
verwenden
verwöhnen
vollenden
vollstrecken
vorbereiten
vorführen
vorgeben
vorschlagen
vorschreiben
vorstellen
wahrnehmen
wälzen
wechseln
wegfahren
wegpacken
werben
widerlegen
widerstehen
wiegen
wirbeln
wölben
zähmen
zerstören
zirkulieren
züchten
züngeln
zuordnen
zurückblättern
zurückerobern
zurückverlangen
zusammenfassen
zusammenpressen
zusammenschließen
zuschrauben
zwingen

**Teste dich!**

**Rechtschreiben 1**

Name: ______________________ Datum: __________

**Teste dich: Weißt du, wie du nach einem kurzen Vokal schreiben musst?**

**1** Ergänze die fehlenden Buchstaben im Text. /14
Achte auf die Schreibung nach kurzem Vokal.
**Tipp**: Schreibe drei Wörter mit **tz** und ein Wort mit **ck**.

## Das Videoprojekt

Heute Nachmi☐☐ag tri☐☐t sich die Gru☐☐e, die während der Projektwoche einen Videofilm drehen wi☐☐. Es sind viele Schüler geko☐☐en und im Filmraum ist nur wenig Pla☐☐.

Weil es nicht genügend Stühle gibt, ho☐☐en sich einige auf den Fußboden.

Erste Vorschläge und Ideen werden zusa☐☐ engetragen.

Amira schreibt sie an die Tafel: Wir mü☐☐en möglichst alle Projekte filmen. Wir brauchen mehrere kleine Teams.

Wer kann uns beim Schneiden des Films unterstü☐☐en?

Wo kö☐☐en wir den Film vorführen? Wann tre☐☐en wir uns wieder? Bis zur nächsten Si☐☐ung: Weiter Ideen sa☐☐eln!

**2** Ergänze den folgenden Merksatz. /2

Nach einem kurzen Vokal stehen meistens ______________________,

z.B.: ______________________.

**3** a) Bilde zu jedem Verb mit **ck** ein Nomen. /4
b) Schreibe die Nomen mit Artikeln auf.
c) Kreise alle **ck** ein.

überbrücken – ______________ stecken – ______________

hocken – ______________ schlucken – ______________

Gesamt: /20

**Teste dich!**

**Rechtschreiben 2**

Name: ______________________________ Datum: ____________

**Teste dich: Musst du ä oder e, äu oder eu schreiben?**

**1** a) Ergänze die fehlenden Buchstaben im Text. /16
b) Markiere alle Wörter mit **ä** und **äu**.

## Unser Klima ver [ä] ndert sich

Früher schneite es im Winter h[ ][ ]fig. Ende Nov[ ]mber oder Anfang Dezember wurde es k[ ] lter und begann zu schneien.
Alle Kinder fr[ ][ ]ten sich, wenn dicke weiße Flocken vom Himmel fielen. In kurzer Zeit war alles weiß. Die D[ ]cher der H[ ][ ]ser hatten weiße Mützen und die [ ]ste der B[ ][ ]me und Str[ ][ ]cher trugen eine schwere Last. Nach der Schule wurden die Schlitten rausgeholt und die Kinder zogen los. Diejenigen, die in der N[ ]he eines kleinen oder auch großen Hügels wohnten, hatten besonderes Glück, denn hier gab es die b[ ]sten und gef[ ]hrlichsten Abfahrten. Schneem[ ] nner wurden gebaut und Schneeballschlachten veranstaltet. In manchen Wintern gab es so viel Schnee, dass man einen Iglu bauen konnte. H[ ][ ]te sind die Winter nicht mehr so kalt und in vielen Gegenden D[ ][ ]tschlands f[ ] llt nur noch sehr selten Schnee.

**2** Suche zu jedem markierten Wort aus Aufgabe 1 ein verwandtes Wort mit **a** oder **au**. /11

*verändert – anders*

______________________________

______________________________

Gesamt: /27

**Teste dich!**

**Rechtschreiben 3**

Name: ______________________ Datum: __________

**Teste dich: Weißt du, wie du Fremdwörter mit -ion und -ieren schreiben musst?**

❶ Ergänze die Wortanfänge und schreibe die Fremdwörter auf die Linien. Schreibe die Nomen mit Artikeln und die passenden Verben auf. /12

| Nomen | Verben |
| --- | --- |
| INFORMA- | INFORM- |
| *die* ______________ | ______________ |
| OPERA- | OPER- |
| ______________ | ______________ |
| KONJUGA- | KONJUG- |
| ______________ | ______________ |
| PRODUK- | PRODU- |
| ______________ | ______________ |
| MULTIPLIKA- | MULTIPLI- |
| ______________ | ______________ |
| ORGANISA- | ORGANI- |
| ______________ | ______________ |

❷ Wähle zwei Fremdwörter aus Aufgabe 1 aus und verwende sie in kurzen Sätzen. /2

______________________________

______________________________

______________________________

Gesamt: /14

**Teste dich!**

**Rechtschreiben 4**

Name: ______________________ Datum: ____________

**Teste dich: Weißt du, wie du Fremdwörter mit langem i schreiben musst?**

❶ Ergänze die fehlenden Buchstaben. Schreibe die Fremdwörter mit Artikeln auf die Linien. /4

Vitam☐n ______________________

Margar☐ne ______________________

Masch☐ne ______________________

Cous☐ne ______________________

❷ Setze für die in Klammern stehenden Wörter das passende Fremdwort mit dem richtigen Artikel ein. /4

A) Ich will ________________ (das Heilmittel) nehmen, um gesund zu werden.

B) Der hohe $CO_2$-Ausstoß hat ________________ (die Witterungsverhältnisse) der Erde entscheidend verändert.

C) In der letzen Woche war ________________ (der Treibstoff) richtig günstig. Die Autofahrer haben sich gefreut.

D) Wir hatten ________________ (die Verabredung) schon sehr lange geplant. Du kannst jetzt nicht abspringen.

| |
|---|
| die Krise |
| das Benzin |
| die Medizin |
| der Termin |
| das Klima |
| die Vitamine |

❸ Ordne die Fremdwörter aus der Randspalte ihren Bedeutungen zu. /4

einfach, urtümlich ______________________

angreifend, feindselig ______________________

geschäftig ______________________

untätig ______________________

| |
|---|
| aktiv |
| passiv |
| aggressiv |
| primitiv |

Gesamt: /12

**Teste dich!**

**Lesetraining 1a**

Name: ______________________ Datum: ____________

Teste dich: Kannst du einen Text gut lesen und verstehen?

## Asterix und Obelix feiern Geburtstag

1 ______________________________

Am 29. Oktober 2009 feierten Asterix und Obelix Geburtstag. Genau 50 Jahre vorher, am 29. Oktober 1959, war die Figur **Asterix zum ersten Mal in einem Comic** der französischen Zeitschrift „Pilote" **zu sehen**.

2 ______________________________

Der Zeichner Albert Uderzo und der Comicautor René Goscinny erfanden die Comicfigur Asterix. Uderzo konnte schon als kleines Kind sehr gut zeichnen. Er mochte die Figuren Donald Duck, Micky Maus und viele andere und bekam dadurch die Ideen für seine eigenen Bilder. So wurde er ein bekannter Comiczeichner. Auch René Goscinny zeichnete Comics. Er schrieb aber auch Geschichten zu den Bildern. Diese beiden Männer hatten schon einige Comicfiguren zusammen erfunden. Ihre Geschichten gab es als Serien[1] in verschiedenen Zeitungen.

3 ______________________________

Die Figuren von **Asterix und seinem Freund Obelix** wurden auf der ganzen Welt **sehr beliebt**. **Zuerst** gab es die Geschichten **als Serie in der Zeitschrift** „Pilote". **Später** wurden aus den Geschichten **Einzelhefte**. **Heute** gibt es die Geschichten **als großformatige Alben**[2] in vielen verschiedenen Sprachen. 1974 kamen Asterix und Obelix mit dem **Zeichentrickfilm** „Asterix erobert Rom" ins Kino. Seitdem gibt es viele der Asterix-Geschichten als Filme, die meisten mit Zeichentrickfiguren, aber auch mit richtigen Schauspielern.

4 ______________________________

1977 starb René Goscinny. Seitdem zeichnet und schreibt Albert Uderzo die Asterix-Geschichten allein. Zum 50. Geburtstag von Asterix und Obelix hat sich Uderzo ein **besonderes Geschenk** ausgedacht. Am 22. Oktober 2009 erschien auf der ganzen Welt als 34. Band der Serie das neue Album „Asterix und Obelix feiern Geburtstag".

**Der Textknacker**

(Sieh die **Bilder** an!)
Lies die **Überschrift**!
Zähle die **Absätze**!
Lies die **Schlüsselwörter**!
Kläre **unbekannte Wörter**!

[1] die Serie, die Serien: In einer Serie sind Geschichten zusammengefasst, die aufeinanderfolgen und fortlaufend zu lesen oder zu sehen sind, z.B. in Zeitschriften oder Büchern, im Fernsehen.

[2] das Album, die Alben: Das Album ist ein Sammelbuch, z.B. für Comics, Briefmarken, Fotos usw.

 

**Teste dich!**

**Lesetraining 1b**

Name: ______________________ Datum: __________

**Teste dich: Kannst du einen Text gut lesen und verstehen?**

❶ Lies den Text.
**Tipp:** Der Textknacker hilft dir.

❷ Was ist das Thema des Textes? Kreuze an. /1

- ☐ Asterix und Obelix kommen ins Kino
- ☐ Der Tod des Comiczeichners René Goscinny
- ☐ Die Comicfiguren Asterix und Obelix werden 50 Jahre alt

❸ Schreibe zu jedem Absatz die passende Überschrift. /4

*Das besondere Geschenk*
*Der erste Asterix-Comic 1959*
*Von der Zeitschriften-Serie zum Kinofilm*
*Die Erfinder der Comicfigur „Asterix"*

❹ Ordne jedem Wort die passende Bedeutung zu. /3
Verbinde mit einem Strich.

| | |
|---|---|
| die Serie | ein Sammelbuch für Comics |
| das Einzelheft | Geschichten, die aufeinanderfolgen |
| das Album | ein Heft, das eine einzelne Geschichte erzählt |

❺ Was passiert in den 50 Jahren mit *Asterix und Obelix*? /5
Verbinde das Datum mit dem richtigen Ereignis.

| | |
|---|---|
| 29. Oktober 1959 | „Asterix erobert Rom" kommt als Film ins Kino. |
| 1974 | „Asterix und Obelix" feiern ihren 50. Geburtstag. |
| 1977 | Der erste Asterix-Comic ist zu sehen. |
| 22. Oktober 2009 | Der Comicautor René Goscinny stirbt. |
| 29. Oktober 2009 | Das Album „Asterix und Obelix feiern Geburtstag" erscheint. |

Gesamt: /13

**Teste dich!**

**Grammatik 1**

Name: ______________________ Datum: ____________

**Teste dich: Kennst du die verschiedenen Zeitformen der Verben?**

❶ a) Unterstreiche die Zeitformen der Verben. /5

b) Kennst du den Namen der verwendeten Zeit? Schreibe ihn in die rechte Spalte. /5

| | |
|---|---|
| Eric hat vor ein paar Minuten die Fenster geöffnet. | Perfekt |
| Amina beschwerte sich sofort. | |
| Sie friert sehr schnell. | |
| Oktay ist in der Stunde eingeschlafen. | |
| Er war gestern auf einer Party. | |
| Der Lehrer wird mit ihm nach der Stunde sprechen. | |

❷ a) Unterstreiche die Zeitformen der Verben im Text. /9

b) Trage die Verben in verschiedenen Zeitformen in die Tabelle ein. /9

**Müder Montag**

Sascha und Orhan begrüßen sich vor der Schule. „Ich bin so müde!", klagt Orhan. „Was hast du denn gemacht?", fragt Sascha zurück. „Ich war gestern mit meinen Freunden im Stadion beim Bundesligaspiel. Unser Verein hat gewonnen. Da haben wir natürlich kräftig gefeiert. Deshalb war ich auch erst sehr spät zu Hause. Aber heute werde ich zu Hause bleiben."

| Perfekt | Präteritum | Präsens | Futur |
|---|---|---|---|
| | | sie begrüßen | |
| | | | |
| | | | |
| | | | |

**Perfekt:** wir haben gelesen
**Präteritum:** wir lasen
**Präsens:** ich lese
**Futur:** er wird lesen

Gesamt: /28

## Teste dich!

**Grammatik 2**

Name: ______________________ Datum: __________

**Teste dich: Kannst du Verben in verschiedene Zeitformen setzen?**

❶ Setze die folgenden Verben in die angegebene Zeitform. /4

ich laufe → Perfekt: *ich bin gelaufen*

er singt → Perfekt: ______________________

ich lese → Präteritum: ______________________

wir fanden → Präsens: ______________________

wir gehen → Futur: ______________________

Das Perfekt wird mit den Hilfsverben *haben* und *sein* gebildet.
*Ich bin gerannt.*
*Ich habe gekocht.*

❷ Verwende nun jede Zeitform in einem Satz. Du kannst die Verbformen aus Aufgabe 1 nehmen. /4

❸ Setze die Verben ins Perfekt. Verändere die Satzteile wie im Beispiel. /3

Frau Schmidt – das Klassenzimmer umräumen

*Frau Schmidt hat das Klassenzimmer umgeräumt.*

Frau Schmidt – Schüler im Klassenzimmer umsetzen

______________________

Frau Schmidt – Blumen mitbringen

______________________

Frau Schmidt – Plakate aufhängen

______________________

mitbringen – hat mitgebracht

umsetzen – hat umgesetzt

aufhängen – hat aufgehängt

Gesamt: /11

**Teste dich!**

**Grammatik 3**

Name: ______________________ Datum: ____________

**Teste dich: Kannst du die Umstellprobe durchführen?**

❶ Stelle die Satzglieder in jedem Satz zweimal um. /8

Alex spielt auf seinem Schlagzeug.

*Auf seinem Schlagzeug spielt Alex.*

*Spielt Alex auf seinem Schlagzeug?*

Sarah geht in den Jugendklub.

______________________________________________

______________________________________________

Engin und seine Freunde spielen Basketball.

______________________________________________

______________________________________________

Während der Sommerferien arbeitet Celina.

______________________________________________

______________________________________________

Meine beste Freundin singt in einer Band.

______________________________________________

______________________________________________

❷ Rahme die Satzglieder ein. /12

| Alex | spielt | auf seinem Schlagzeug. |
|---|---|---|

Gesamt: /20

# Lösungen

## Rechtschreiben 1

**Aufgabe 1**

Nachmittag – trifft – Gruppe – will – gekommen – Platz – hocken – zusammengetragen – müssen – unterstützen – können – treffen – Sitzung – sammeln

**Aufgabe 2**

Nach einem kurzen Vokal stehen meistens zwei Konsonanten, z.B.: mm, ll, ck, tz.

**Aufgabe 3**

überbrücken – die Brücke; stecken – der Stecker; hocken – der Hocker; schlucken – der Schluck

## Rechtschreiben 2

**Aufgabe 1**

häufig – November – kälter – freuten – Dächer – Häuser – Äste – Bäume – Sträucher – Nähe – besten – gefährlichsten – Schneemänner – Heute – Deutschlands – fällt

**Aufgabe 2**

häufig – der Haufen; kälter – kalt; Dächer – das Dach; Häuser – das Haus; Äste – der Ast; Bäume – der Baum; Sträucher – der Strauch; Nähe – nah; gefährlichsten – die Gefahr; Schneemänner – der Schneemann; fällt – fallen

## Rechtschreiben 3

**Aufgabe 1**

die Information – informieren
die Operation – operieren
die Konjugation – konjugieren
die Produktion – produzieren
die Multiplikation – multiplizieren
die Organisation – organisieren

**Aufgabe 2**

*Zum Beispiel:*
Verben kann man konjugieren.
Gestern habe ich eine wichtige Information erhalten.

## Rechtschreiben 4

**Aufgabe 1**

das Vitamin – die Margarine – die Maschine – die Cousine

**Aufgabe 2**

A) die Medizin
B) das Klima
C) das Benzin
D) den Termin

**Aufgabe 3**

primitiv
aggressiv
aktiv
passiv

## Lesetraining

**Aufgabe 2**

☒ Die Comicfiguren Asterix und Obelix werden 50 Jahre alt

**Aufgabe 3**

| | |
|---|---|
| 4. Absatz: | Das besondere Geschenk |
| 1. Absatz: | Der erste Asterix-Comic 1959 |
| 3. Absatz: | Von der Zeitschriftenserie zum Kinofilm |
| 2. Absatz: | Die Erfinder der Comicfigur „Asterix" |

**Aufgabe 4**

die Serie – Geschichten, die aufeinanderfolgen
das Einzelheft – ein Heft, das eine einzelne Geschichte erzählt
das Album – ein Sammelbuch für Comics

**Aufgabe 5**

| | |
|---|---|
| 29. Oktober 1959 | Der erste Asterix-Comic ist zu sehen. |
| 1974 | „Asterix erobert Rom" kommt als Film ins Kino. |
| 1977 | Der Comicautor René Goscinny stirbt. |
| 22. Oktober 2009 | Das Album „Asterix und Obelix feiern Geburtstag" erscheint. |
| 29. Oktober 2009 | „Asterix und Obelix" feiern ihren 50. Geburtstag. |

# Lösungen

## Grammatik 1

### Aufgabe 1

| | |
|---|---|
| Eric hat vor ein paar Minuten die Fenster geöffnet. | *Perfekt* |
| Amina beschwerte sich sofort. | *Präteritum* |
| Sie friert sehr schnell. | *Präsens* |
| Oktay ist in der Stunde eingeschlafen. | *Perfekt* |
| Er war gestern auf einer Party. | *Präteritum* |
| Der Lehrer wird mit ihm nach der Stunde sprechen. | *Futur* |

### Aufgabe 2

Sascha und Orhan begrüßen sich vor der Schule. „Ich bin so müde!", klagt Orhan. „Was hast du denn gemacht?", fragt Sascha zurück. „Ich war gestern mit meinen Freunden im Stadion beim Bundesligaspiel. Unser Verein hat gewonnen. Da haben wir natürlich kräftig gefeiert. Deshalb war ich auch erst sehr spät zu Hause. Aber heute werde ich zu Hause bleiben."

| Perfekt | Präteritum | Präsens | Futur |
|---|---|---|---|
| *du hast gemacht* | *ich war* | *sie begrüßen* | *ich werde bleiben* |
| *er hat gewonnen* | *ich war* | *ich bin* | |
| *wir haben gefeiert* | | *er klagt* | |
| | | *er fragt* | |

## Grammatik 2

### Aufgabe 1

ich laufe → Perfekt: *ich bin gelaufen*
er singt → Perfekt: *er hat gesungen*
ich lese → Präteritum: *ich las*
wir fanden → Präsens: *wir finden*
wir gehen → Futur: *wir werden gehen*

### Aufgabe 2

*Zum Beispiel:*
Gestern bin ich zur Schule gelaufen.
Ich lief sehr schnell.
Heute fahre ich mit dem Fahrrad zur Schule.
Morgen werde ich den Bus nehmen.

### Aufgabe 3

Frau Schmidt hat Schüler im Klassenzimmer umgesetzt.
Frau Schmidt hat Blumen mitgebracht.
Frau Schmidt hat Plakate aufgehängt.

## Grammatik 3

### Aufgaben 1 und 2

[In den Jugendklub] [geht] [Sarah].
[Geht] [Sarah] [in den Jugendklub]?
[Basketball] [spielen] [Engin und seine Freunde].
[Spielen] [Engin und seine Freunde] [Basketball]?
[Celina] [arbeitet] [während der Sommerferien].
[Arbeitet] [Celina] [während der Sommerferien]?
[In einer Band] [singt] [meine beste Freundin].
[Singt] [meine beste Freundin] [in einer Band]?

## Auswertung der Tests

Die Schüler/-innen geben sich für jede richtige Lösung einen Punkt.
Je nach Ergebnis können die Schüler/-innen folgende Hinweise zur Weiterarbeit erhalten:

## Rechtschreiben: Test 1–4

### volle Punktzahl minus 1 Punkt

Sehr gut! Du bist in den getesteten Bereichen sehr sicher in der Rechtschreibung.

### volle Punktzahl minus 3 Punkte

Sieh dir noch einmal die Aufgaben im Test an, bei denen du unsicher warst und die meisten Fehler gemacht hast. Suche die passenden Seiten im Arbeitsheft, sieh dir noch einmal genau alle Aufgaben an und lies die Merksätze. Schreibe in dein Heft, was du dir merken willst.

### volle Punktzahl minus 5 Punkte

Du musst noch gründlich üben. Lege eine Liste an mit allen Wörtern, bei denen du unsicher warst oder Fehler gemacht hast. Suche Wörter, die ähnliche Schwierigkeiten haben (z.B. Wörter mit kurzen Vokalen, Wörter mit *ä*, *äu*, Fremdwörter).
Übe die Wörter in folgenden Schritten:
- Ordne die Wörter nach dem Alphabet.
- Suche zu jedem Wort so viele Verwandte wie möglich.
- Bilde zu jedem Wort einen Satz, in dem das Wort vorkommt.
- Lass dir von einer Partnerin / einem Partner die Wörter diktieren.

## Lesetraining

### 13–12 Punkte

Sehr gut! Du kannst einen Text genau lesen und Wörter aus dem Textzusammenhang erschließen. Du erkennst das Thema eines Textes und ordnest Überschriften zu Absätzen richtig zu.

### 11–8 Punkte

Du musst noch etwas üben. Schau dir in deinem Arbeitsheft auf der Innenseite des Umschlags noch einmal den Textknacker an. Suche dir einen Text von den Seiten 32, 38, 40, 46 oder 48 aus und übe noch einmal alle Schritte des Textknackers.

### 7–0 Punkte

Du musst noch gründlich üben. Schau dir in deinem Arbeitsheft auf der Innenseite des Umschlags noch einmal den Textknacker an. Schreibe alle Schritte des Textknackers ab und hänge die Abschrift über deinen Schreibtisch.
Wiederhole folgende Schritte des Textknackers:
- Texte in Absätze gliedern (mit dem Text auf S. 8),
- Schlüsselwörter markieren (mit dem Text auf S. 17),
- unbekannte Wörter klären (mit dem Text auf S. 22).

## Grammatik: Test 1–3

### volle Punktzahl minus 1 Punkt

Sehr gut! Du bist in den getesteten Bereichen der Grammatik schon sehr sicher.

### volle Punktzahl minus 2–5 Punkte

Sieh dir die Aufgaben im Test an, bei denen du unsicher warst und die meisten Fehler gemacht hast. Suche die passenden Seiten im Arbeitsheft, sieh dir noch einmal genau alle Aufgaben an und lies die Merksätze. Schreibe in dein Heft, was du dir merken willst.

### volle Punktzahl minus 4–6 Punkte

Du musst noch gründlich üben. Sieh dir die Aufgaben im Test an, bei denen du unsicher warst und die meisten Fehler gemacht hast. Übe mit den Verben aus der Kopfzeile:
- Schreibe mit den Verben Sätze im Perfekt und im Präteritum.
- Bilde mit den Verben einfache Sätze mit Subjekt – Prädikat – Objekt.
- Bestimme mit Hilfe der Frageprobe die Satzglieder.

Zu diesen Handreichungen für den Unterricht gehören die Arbeitshefte:
• Rechtschreiben (ISBN 978-3-464-62605-4)
• Lesetraining (ISBN 978-3-464-62607-8)
• Grammatik (ISBN 978-3-464-62606-1)

Redaktion: Christina Nier
Umschlagillustration: Bernhard Skopnik, Kassel
Umschlaggestaltung: Rosendahl Grafikdesign
Layout: Klein & Halm Grafik-Design, Berlin
Technische Umsetzung: MatMil Translations & Desktop Publishing, Berlin

www.cornelsen.de

1. Auflage, 4. Druck 2020



Druck: Esser printSolutions GmbH, Bretten

ISBN 978-3-464-62608-5